ナムコ・ナンジャタウン「あなたの隣の怖い話コンテスト」事務局 編

# 誰かに話したくなる怖い話

# はじめに

ナムコ・ナンジャタウン主催による「あなたの隣の怖い話コンテスト」は、これまでに何度も回を重ねてまいりましたが、全国各地から数多くの身の毛のよだつような手記が寄せられました。

子供からご高齢の方までが、身近に起こった体験談を寄せてくださり、あらためて、全国各地に人知では到底計り知ることのできない奇妙な心霊現象があるのだということを知りました。しかも、それは昔からあらゆる場所で連綿と繰り返され、決して特定の場所や特別の人にだけ現われることではないのです。

学校や病院、団地や新しく建てた家、あるいは人通りの多い繁華街にまで、何の前触れもなく、恐怖は突然にやってきます。

応募していただいた方のなかには、霊感が強く、子供のときから人には見えないものを見たり、自分にしか聞こえないものを聞いたりしている人もいましたが、その多くは、特に何かの力をもっているというわけではなく、偶然、この世のものではないものに遭遇してしまったという恐怖をつづったものでした。

この世のものではないものといっても、それは死者が起こす悪戯《いたずら》や恐怖だけではありません。生きている人の、いわゆる生き霊によってもたらされる場合も決して少なくないのです。

ということは、いつでも、誰でも、どこででも、何かを見てしまうという可能性はあるのです。ひとりのときだけではなく、家族や友人、同僚といっしょに「見てしまった」という話も少なくありません。

霊体験の手記を読むスタッフも、何度となく、あたりを見まわしてしまうという恐怖の追体験をしました。

私たちは、忙しいこの現代の生活のなかで、とぎすまされた五感を失いつつあるのかもしれません。

日常とは違う何かが起こるとき、体験者たちは「いつもとはほんの少し違う雰囲気」を感じているようです。

それは、風、物音、ゾワッと肌に感じる空気、そして一瞬、視野の片隅を走り去る影など……その一瞬の空間の歪みが、より鮮明になるとき、信じられないような出来事を人は見せつけられるのです。
たしかにそこにあるものを感じているか、感じていないかのわずかな差が、恐怖体験の境目のように思われます。
ここにおさめられた手記の数々のなかには、読者の方々も感じたことのある共通する何かが潜んでいるかもしれません。読み終わったら、そっとまわりを見わたしてみてください。昨日はまったく感じることのできなかった不思議なものが、そこに潜んでいるかもしれませんから……。

本書に収録した恐怖体験手記中の人名、団体名などは、プライバシーに配慮してすべて仮名にしてあります。

ナムコ・ナンジャタウン「あなたの隣の怖い話コンテスト」事務局

※「怖い話」の募集は、現在は行なっておりません。
※「ナムコ・ナンジャタウン」はリニューアルのため「ナンジャタウン」に名称変更となっております。

目次

## 第一章　きわめつきの超怖い話

## 第四章 恐怖へ誘《いざな》う魔のスポット

## 第五章 世にも不思議な怖い話



本文コラージュ……安田忠幸

# 第一章　きわめつきの超怖い話

# ガチャガチャ……ズルズル……

——佐藤恵一（仮名・四十四歳）　大阪府

大阪のある病院で、左眼の手術を受けたときの話です。

数日間の精密検査を受ける必要があって、事前に入院しなければならなかったのですが、私は九州に住んでいたので、入院前日に大阪のホテルに泊まることにしました。

早めに食事と入浴をすませ、ベッドに潜りこんではみたものの、手術のこと、仕事のこと、そして九州にいる家族のことなどが気になって、なかなか寝つくことができません。

それでも、何度か寝返りをうっているあいだに、いつのまにか、睡魔に呑みこまれていきました。夢を見ていました。夢のなかで、誰かがドアノブを「ガチャガチャ」とまわしています。

その音は絶え間なくつづきました。

「ガチャガチャ……ガチャガチャ……」

神経を逆撫でするようなその音は、やがて夢の世界から私を引きずり出していました。

一瞬、自分がどこにいるのかわからず、薄暗がりのなかで、ぼんやりと天井を見ていたのですが、〈ああ、ここはホテルだ……〉と気がついたとき、足音が聞こえてきました。

〈きっと、隣の部屋に酔っぱらいでも帰ってきたのだろう……〉

そう思って、時計を見ると、午前一時を少しまわっています。

もう一度、眠ろうと目を閉じたとたん、

「ガチャガチャ……ガチャガチャ……」

また、あの音が聞こえてきました。

しかも、それは隣の部屋ではなく、たしかに私の部屋のドアノブをまわしているのです。

酔っぱらいが部屋を間違ったに違いありません。

「何時だと思ってるんだ！」

私は目を閉じたまま、怒鳴りました。

私の声が聞こえたのか、「ガチャガチャ……ガチャガチャ……」という音は、すぐに聞こえてこなくなりました。

ところが……。

「ズルズル……ズルズル……」

今度は何かを引きずっているような奇妙な音が聞こえはじめたのです。

「ズルズル……ズルズル……」

何か重い物を無理矢理引きずっていくような音……。

しかも、それは、私のベッドの真横から聞こえてきたのです。

「なんなんだ、いったい」

わけがわからないまま、ベッドの上に起きあがろうとしたのですが、身体が動きません。

まるで、何かに押さえつけられているようでした。

「ズルズル……ズルズル……」

そのあいだも、奇妙な音はつづきます。

やがて、「ガチャガチャ……ガチャガチャ……」と、またドアノブをまわす音が……。

それが延々とつづくのです。

私は渾身の力を振り絞って、顔をねじるようにしてドアのほうを見ました。

声にならない、私の叫び声が喉の奥でからまり、冷たい汗がどっと噴き出しました。恐怖で歯がガチガチと鳴りました。

〈どこから入ってきたんだ……！〉

白い塊が、私の部屋のドアノブにぶらさがるようにボーッと浮かび上がっているのです。

それは、間違いなく人間の男の姿でした。

〈夢だ……！　悪い夢を見てるんだ……！〉

私は固く目を閉じました。

すると、突然、「ガチャガチャ……」という音が聞こえなくなったのです。

私は、大きく息を吸いこむと、ゆっくり目を開けました。

……と、私の目の前に白っぽいパジャマのようなものを着て、青白い顔をした男が、目を見開いて私の顔を覗きこんでいたのです。

「ヒ――ッ！」

叫んだつもりが、声が出ません。

男は、まじまじと私の顔を見たあと、ばたんとその場に倒れこむと、「ズルズル……ズルズル……」と音をたてながらドアのところまで這っていき、ドアノブをまわしはじめたのです。

「ガチャガチャ……ガチャガチャ……」

その音を聞きながら、私は気を失っていました。

目が覚めたのは午前八時ごろで、カーテンを開けると雲ひとつない空がきれいに広がっていました。

「やっぱり、夢だったんだ」

声に出して、確かめるようにそういったあと、私は急いで出かける支度にとりかかりました。夢だと言い聞かせながらも、一刻も早く、その部屋から出ていきたかったのです。

身のまわりの物を持ち、ゆっくりとドアノブに手をかけたとたん、

「バシッ！」

まるで火花がはじけるような大きな音と衝撃とともに、それは弾け飛んで、バラバラになってしまいました。身体がガクガクと震えましたが、一目散に部屋を飛び出すと、フロントまで駆けて、「ドアノブの修理くらい、きちんとやっとけよ！　危ないだろ！」と、たたきつけるように言い残して、病院に向かいました。

いったい何が起こったのか、皆目わからず、恐怖はやがていらだちに変わりました。

「こんなんじゃ、精密検査にひっかかってしまうじゃないか」

独り言をいいながら、病院に着いた私は、そのまま入院し、予定どおり数日間の精密検査が始まりました。イライラした気分はなかなかおさまりませんでしたが、手術の日取りが決まるまでは、特にすることもなく、そのうちに、ホテルでの奇妙な出来事の記憶もだんだん薄れていきました。

そして、手術当日。全身麻酔ではなく、局所麻酔で行なわれた手術は四時間にも及び、私はこれまでに味わったことのないような苦痛に苛《さいな》まれました。手術が終わったのは深夜。痛みと疲れで朦朧《もうろう》としていたのですが、終了を告げられたとたん、激しい心臓発作に襲われたのです。それまで、心臓に疾患があったわけでもないのに、締めつけられるような痛

みと息苦しさに、私は身体をくの字に折り曲げて耐えなければなりませんでした。

眼科の病棟に内科と循環器科のスタッフが飛んできて、大騒ぎの末、やっと普通に呼吸ができるようになり、病室に戻ったのですが、数時間もしないうちに二度めの発作が襲ってきました。

私はナースコールを押しながら、意識を失っていきました。

そして、気がついたとき、あのホテルのあの部屋にいたのです。

「ズルズル……ズルズル……」

私は音をたてながら床を這って、やっとの思いで、ドアのところまでたどりつきました。

懸命に手を伸ばしました。

「ガチャガチャ……ガチャガチャ……」

ドアノブをまわして、外に出ようとするのですが、どうしても、ノブがまわしきれません……。

そこで、私の意識はふたたび、ふーっと遠のいていきました。

目を覚ましたのは、病院の循環器科のベッドの上でした。

眼科に入院した私が循環器科や内科にまでまわされるのは、あの奇妙なホテルのせいだ、

そう思っても、誰に当たり散らすわけにもいかず、私はひとりで入院生活を送るほかあり

ませんでした。

それでも、病院側の適切な処置と治療のおかげで、眼は順調に回復していき、心臓のほうもなんとか落ち着いて、退院の予定も立てられるようになりました。

そんなある日、私の隣のベッドにいた大学生のKくんが「いまだからいえるけど」と話しかけてきました。

「僕の叔父がね、二カ月前に心臓発作で死んだんです。ちょうど佐藤さんと同い年。だから、佐藤さんもひょっとしたら……って、他の入院患者さんたちとも話してたんです」

「そう、みんなに心配かけたね。それで、きみの叔父さんもやっぱり大阪？」

「いいえ、島根なんです。その日はたまたま出張で大阪に来ていて、近くのホテルに泊まっていたんですよ。夜中の一時ごろ、かなり苦しんだらしくて、部屋のドアを開けようとしていたんじゃないかって、警察の人がいってました」

「もしかして、そのホテルって……Sホテルで、〇〇号室じゃ……ないよな……」

Kくんの答えを聞く必要はありませんでした。

私は退院したあとも高熱がつづき、そのために腎臓を悪くして、再入院しなければなりませんでした。その後、退院をして普通の生活に戻っていますが、ときどき原因不明の微熱に悩まされています。

あのホテルで見た男は、Kくんの叔父さんだったのでしょうか。それとも、私の未来の姿だったのでしょうか。

## 呪われた交差点――小山田真澄（仮名・三十歳）東京都

見通しのいい交差点で、信号もついているのに、なぜか事故が多い。そんな場所がどの町にも一カ所くらいはあります。

F市の交差点は、まさにその典型でした。地図で見ると、まるで定規で測ったように直角に交わっていて、横道も、視界をさえぎるものも何もない。それなのに、事故の多さはF市でいちばんでした。

もうずいぶん前のことになりますが、私はその交差点の近くにある「K」というファーストフードのチェーン店でアルバイトをしていました。そこで、不思議なことに出会ったのです、何度も……。

その店には、シンボルマークになっている大きな人形が店頭に置かれていました。店がオープンしているあいだは外に置かれているのですが、閉店後はきれいに掃除した店内にしまって、ドアをロックして帰ります。点検を終えると、従業員専用のドアに鍵をかけるのは決まって店長の仕事でした。

ところが、私がバイトをしはじめてまもなくの秋のころ、「夜、人形が動いている」という噂がバイト仲間のあいだで囁《ささや》かれるようになったのです。

「まさか、そんなことあるわけないじゃん」

「ホントだよ、嘘じゃないって」

「泥棒じゃないか？」

「何も盗まない泥棒なんて聞いたことないよ」

バイト仲間でのそんな話がお客様に伝わってしまっては困ります。そこで、私たちは店長に相談して、ある実験をすることにしたのです。

夜、人形を店内に入れてから、人形の台座の部分にチョークを貼りつけました。人形が動けば、床にチョークのあとがつく、というわけです。

おかしな噂を聞いてから、私はずっと誰かの悪戯《いたずら》にちがいないと思っていました。実験の日、私たちはいつもより厳重に戸締まりのチェックをしました。

次の日の朝、私はいつもより早く起きて店にかけつけました。開店一時間前だというのに、もうバイト仲間はみんな集まっていました。

「どうだった？」

私が聞くと、仲間のひとりが黙って床を指さしました。

見ると、床のいたるところにチョークのあとが……。

テーブルや椅子をよけるように、通れるところ、すべてにつけられたチョークのあと……。その螺旋《らせん》状のあとをたどっていくと、人形はまるで私たちをあざ笑うかのように、トイレの前に立って、こちらを向いていました。

店長に促されて、私たちは床につけられたチョークのあとをきれいに拭き取り、いつもの場所に人形を置くと、それぞれの持ち場につきました。その日一日、私は人形の背中をちらちら見ながら、いまにも振り返るのではないかと、落ち着きませんでした。

そして、それ以来、人形のことについて話をする者はいなくなりました。なぜ動いたのか、誰が動かしたのか、まったくわかりませんが、もうそのことを話題にしたくなかったのです。

しかし、本当に怖いことは、その年のクリスマスに起こったのです……。

クリスマスイブとクリスマスの二日間は、お客様の数がふくれあがり、一年じゅうでいちばん忙しい日になります。

そのクリスマスイヴのことです。

ふとカウンターから入口のほうを見ると、自動ドアの前に母親らしい人と小さな男の子が手をつないでじっとこちらを見ています。

〈あれ？　どうして自動ドアが開かないんだろう。故障かな？〉

と思って、ふたりの足元を見ると……膝から下がスーッと消えていて、マットの上には何も乗っていないのです。

「やだー！」

私は思わず目をつぶり、カウンターのなかでしゃがみこんでしまいました。

「どうしたの？」

バイト仲間に声をかけられて、恐る恐る立ち上がったときには、もう、親子の姿はありませんでした。

「いま、外に男の子とお母さんが立っていたよね」

私が聞くと、すぐそばにいたバイト仲間は、

「え？　誰もいないよ。だって、ドア開いてないじゃん」

といいます。

言葉にできないいやな気分が、胸のなかで大きく広がっていきました。

それからしばらくして、自転車に乗った小学五年生くらいの女の子が店にやってきまし

た。予約していたクリスマスセットを取りにきたのです。きっとこれから家族でクリスマスパーティをするのでしょう、女の子は嬉しそうに店を出ていきました。

みんなが楽しい時を過ごす夜に、バイトしている我が身を悲しく思っていたそのとき、

「キーッ！」

大きなブレーキ音が交差点のほうから聞こえてきました。そして、「救急車だ！」と叫ぶ声がつづきました。

店長がすぐに受話器を取って一一九番している脇をすり抜け、私たちは外に出てみました。すると、交差点にはさっき私が手渡したクリスマスセットが無惨に散らばり、女の子がピクリともしないで倒れている姿がありました。自転車はグチャグチャです。

「救急車も警察も呼んだから、みんなお店に戻りなさい」

店長に促されて、私たちは店に戻りました。

あの女の子がどうなったのか、わかりません。ただ、私は、事故の起こる前に店のドアのところに立っていた不思議な親子のことが頭にこびりついて、なかなか仕事に集中できませんでした。

そして次の日も、朝から忙しい一日でした。イヴは夜が、クリスマス当日は昼が忙しい時間帯なのです。あっという間に時間が過ぎ、夕方も遅い時間になると、ようやく一段落

です。予約のお客様もほとんどやってきていたので、私たちは一息ついていました。

そして、ふと外を見ると……三人連れの家族がじっとこちらを見ています。

〈ドア、開かないのかな?〉

そう思って、よく見ると、店の外のマットの上には何もなく、ただ三つの顔が宙に浮いてこちらを見ている……。

私は目の錯覚だと、もう一度、よく見つめました。

すると……三人連れのふたりは昨日の男の子と母親、そして、そのあいだに、あの事故にあった女の子がいたのです。

「外、見て! 外!」

私は並んで立っているバイト仲間にしがみつくようにしていいました。

「何いってんのよ、誰もいないじゃん」

そういわれて、そっと顔を上げると、そこにはただ夜の交差点が冷たく広がっているだけでした。

その日をかぎりに私はバイトを辞めました。

それから何年か経ち、私の勤めていたファーストフードのお店はなくなって、いまは回転寿司の店に変わっています。

F市でいちばん事故の多いその交差点は相変わらず、事故が頻繁に起こり、「交差点の工事のときに、人骨がたくさん出たのに、きちんと供養しなかったらしい」とか「交差点の真ん中にはお地蔵様が埋められたままなんだ」といった噂が流れるようになりました。

本当のことはわかりません。けれども、クリスマスが近づくと、私はドア越しに見た、あの三人の悲しげな顔をいまでも思い出すのです。

## 凶々《まがまが》しい「黒い天井」――橋本健一（仮名・二十四歳）宮城県

姉が仙台市の病院に入院して一カ月が過ぎようとしているころ、僕は自宅から一時間以上かけて、様子を見に行ってみることにしました。前に見舞ってから一週間ぶりです。

三〇二号室のドアを開けると、姉はぼんやりと天井を見ていました。

「姉さん、調子はどう？」

「元気だったらこんなところにいやしないわよ」

やつれた表情のまま、姉はぶっきらぼうに答えました。

話がとぎれ、しばらく沈黙がつづいたあと、姉は急におかしなことをいいはじめました。

「この天井、なんとかならないかなあ」

「天井？」

上を見ましたが、何の変哲もないただの天井です。

「慣れてはきたけど……。毎日、真っ黒い天井を見ていると、気が滅入る」

もう一度、天井を見ましたが、普通の白い天井なので、僕は姉が長い入院生活でおかしくなったのか、それとも目が悪くなったのかと、まじまじと顔を見てしまいました。

「やっぱり、あんたには見えないか……」

その様子があまりに真剣だったので、あるいは薬の副作用で幻覚を見ているのではないかと疑りもしました。

「黒い面積がね……、少しずつ大きくなっていくの。もう少しでドアの上まで届きそう」

僕は姉がいったい何を見ているのか、よく聞いてみることにしました。

「それって、どんなふうに黒いの？　染みみたい？」

すると、姉は首を振ってこういうのです。

「ほら、あんたの真上にカーテンのレールがあるでしょ。そのへんから天井を這うように出てるの……」

いったい何が出ているというのでしょう。僕は姉の言葉を待ちました。

「黒い髪の毛が……。黒くて長い髪が、何本も何本も……」

姉は昔から霊感が強いといわれていました。そのことを知っている僕は、姉が何を見てもおかしくはないと思いました。

「その髪って……霊？」

「たぶん……」

「この個室、姉さんが入る前、どんな人が入ってたの？」

「知らない、看護婦さんに聞いても教えてくれないし……。でも、ここで死んだ女の人の何かが残ってる気がする。私とおなじ病気だったのかもしれない……」

「部屋、替えてもらう？　それとも、病院、移る？」

僕がそういうと、姉はいつもの笑顔を見せながら、首を振りました。

「どこに行ったって、おなじ。所詮、病院は死に場所。この世に未練を残して亡くなった人なんて、うじゃうじゃいるよ」

僕は曖昧に頷いて、天井を見上げました。やっぱり白、です。平凡な白です。けれど、じっと見ていると、なんだか僕にも、黒い髪の毛が見えるような気がして、思わず目をつぶりました。

天井に吸いこまれるのではないかという奇妙な感覚があって、僕は早めに退散することにしました。

病室を出て車に向かい、キイを取り出して、ドアを開けようとしたとき、僕は白いトレーナーの肩に何かがついていることに気がついて、つまみあげてみました。

髪の毛でした……。黒くて長い髪の毛が一本、僕の肩に載っていたのです。

姉はショートカットにしています。僕のまわりにロングヘアーの人はいません。いつの間に、そんなものが肩についたのでしょう。

僕の脳裏に、天井から落ちてくる髪の毛が浮かびました。

僕は急いでトレーナーを脱ぐと、後部座席に放りこんで、車に乗りこみました。気にしなければ、恐怖など感じる必要はありません。

けれど、これは本当の恐怖のほんの始まりだったのです。

三日後、姉が病院から連絡をしてきました。

「あのね、あんたがここに来た日から、天井がずっと白いんだけど……」

「そう……。よかったね」

僕は平静を装って、答えました。

「何か変わったことあったの？　声が変だよ」

勘のいい姉は、僕の変化にうすうす気づいたようです。

「いや、なんにもないよ、こっちは大丈夫」

僕は言葉を濁して、電話を切りました。

これは夢だ、そう思って、僕は自分の部屋の天井を見ないように努めています。

あの日、病室を出て、肩の髪の毛を見つけてから、僕の部屋の天井が少しずつ黒くなりはじめたのです。

「見るな、見るな。これは夢だ」

姉と電話で話した夜も、僕は自分にそう言い聞かせ、うつ伏せになったまま固く目を閉じて、眠ることだけを考えていました。ところが……。

「サワサワ……サワサワ……」

夜中に寒けに襲われるような感触に身震いして目を覚ますと、僕の頬を一束の黒い髪が撫でるようにうごめいていました。髪の毛は天井から垂れ下がって、揺れていたのでした。

僕は一目散に外に飛び出し、車に飛び乗ろうとして「ヒッ！」と声をあげました。

車のすべてのウインドーの内側に髪の毛が這い、真っ黒に埋めつくされていたのです。

どうしようもなく、逃げる場所を失った僕は、自分を奮い立たせて部屋にそっと戻って、覗いてみました。やはり、天井には長い髪が吸いつくように張りついています。

とにかくどこかに逃げなければ……。せめて髪の毛がこの部屋から出てこないようにと、ドアを閉めようとした僕は、ふと目をやった窓ガラスに映ったものに総毛立ちました。

そこには、少女らしき人間が映っていました。なぜ「らしき」かというと、髪の毛が一本もなかったからです。

病魔と闘う姉に心配をかけられず、私は翌日、姉には黙ったまま、僧侶を呼び供養をしてもらいました。そのお経のおかげか、天井を覆いつくし、車を埋めつくしていた髪の毛は消えました。窓ガラスに何かが映ることもなくなりました。

あの窓ガラスに現われた少女にとって、薬剤の副作用で髪の毛が抜け落ちたことは、よほどショックだったのでしょう。詳しい状況は知る由もありませんが、少女は病死ではなかったのだと思います。なぜなら、窓ガラスに映った少女の首に、くっきりと巻きついたような痕が刻まれているのを見ましたから……。

## 毎月十九日にかかる怪電話

――犬神祟(仮名・三十一歳)　大阪府

私は個人経営の書店の雇われ店長をしています。

店長とはいっても小さな店のことで、アルバイトの女性がひとりいるだけですから、商品の発注から陳列、伝票整理まで、ほとんど私がやることになります。ときにはお得意さん宅への配達も私の仕事になりました。

大橋さんも、そんなお得意さんのひとりでした。

たぶん七十歳は過ぎていたと思うのですが、にぎやかなタイプの人ではなく、「いいおばあちゃん」という感じで、時間に余裕があれば世間話をすることもありました。

以前は定期購読している月刊誌の発売日である十八日には、毎月、待ちわびていたように店に顔を見せてくれたのですが、二年ほど前から来られなくなりました。病気で入院し、退院はできたものの、足腰が弱くなって自宅から出ることもなくなったということでした。それ以降、毎月発売日になると、私が配達することになったのです。

ことの発端は、昨年の三月の初めころのことだったと思います。

私がいないあいだに、大橋さんの娘さんから電話があり、「今月から配達をやめてほしい」という伝言が残されていました。アルバイトの女性も理由は聞いていないということで、私は深く考えることもなく、配達リストから大橋さんの名前を消し、その話はごく日常的なこととして、終わったはずでした……。

ところが、その月の十九日、大橋さんから電話が入ったのです。

「いつも配達をお願いしている大橋ですが……」

「あ、いつもお世話になっています」

私が挨拶をすると、大橋さんは、

「いつもの雑誌ですけど、今月はまだ届きませんが、発売が遅れているんでしょうか？」

といいます。

話が違うじゃないか、と思いながらも、

「あの、先日、そちらからお断りのお電話をいただいたものですから……」

私が事情を説明すると、大橋さん本人は何も知らなかったらしく、特に気を悪くしたようすもなく、納得してくれて、

「そうですか、家の者が気を遣ってくれたんでしょうね。今月は結構ですから、来月からまたお願いします。家の者には、私から話しておきますので」

そういって、大橋さんは電話を切りました。

私はアルバイトの女性が間違ったのではないかと思って、

「大橋さん、本当に配達中止っていった？　他の人と勘違いしたんじゃない？」

と聞いてみたのですが、彼女はさも心外だというように口をとがらせました。

「たしかに大橋さんとおっしゃいました。ボケてるんじゃないですか」

私は、黙って配達リストに大橋さんの名前を加えました。

そして翌月の十八日、私は雑誌を持って大橋さんの家を訪ねました。

インターホンを押してしばらくすると、娘さんが玄関に現われ、私と手にした本を見比べて、怪訝そうな顔をしました。以前に見たときは、ふっくらと健康そうな顔をしていたのですが、久しぶりに見るその人はずいぶんやつれて、目はくぼみ、青ざめていました。

娘さんは奪うように私から雑誌を取り上げると、黙って家のなかに引っこんでしまいました。変わったのは顔つきだけではありません。もっと愛想のいい人だったはずです。体調が悪くて機嫌が悪いのだろうと自分に言い聞かせて、私は店に戻りました。

それからも毎月十八日には配達にいきましたが、相変わらず娘さんは無愛想で、しかも、回を重ねるごとにやつれ具合が目に見えてひどくなっているのがわかりました。

以前は足が悪いとはいえ、大橋さん本人が玄関までは出てきていたのですが、電話の一件以来、一度も会っていません。

大橋さんの具合がかなり悪く、そして、娘さんも看病疲れで体調を崩しているのだろうと、そんな想像がつきました。

その月は、決算で棚卸しなどもあって忙しく、日付の感覚が麻痺していたのでしょうか。うっかり、十八日の配達を忘れてしまいました。

「いつも配達していただいている大橋ですが……」

事務所で電卓を叩いていた私は、その電話で、自分のドジに気づきました。

「申し訳ありません、これから伺います」

思ったより元気そうな大橋さん本人の声に急《せ》かされるように、私は、すぐに書棚に行き、雑誌を探したのですが、いつもの雑誌がないのです。

慌てて取次書店に連絡してみると、「休刊になった」という返事です。

とにかく、あんなに楽しみにしている大橋さんに伝えなくてはなりません。私はすぐに受話器を取り、入力してあった短縮ボタンを押しました。

「おかけになった電話番号は、ただいま使われて……」

そんな馬鹿な。前はつながった番号がなぜ……？

理由はわかりませんが、電話がダメなら、直接行くしかありません。私は急いで大橋さんの家に向かいました。

しかし……。

そこにあったのは「売家」と書かれた貼り紙でした。引っ越しなんて、先月には聞いていません。それに、今しがた電話があったのですから、納得できません。

無駄と知りつつ、「大橋さん、大橋さん」と、私は玄関の前で、大声をあげました。

するとと、その声に隣の家の奥さんが出てきて、

「大橋さん、引っ越しされましたよ」

といいます。

「そうですか。毎月、配達に来ているんですけど、聞いていなかったんですよ。じゃあ、大橋さんのおばあちゃん、少しは元気になられたんですか？」

引っ越しできるくらいなら、少しは体力が戻ったのかと、聞いてみた私の言葉に、隣の奥さんは怪訝《けげん》そうな顔をしました。

「あら、あなた、毎月配達に来ていたなら、知ってるでしょう？　おばあちゃん、三月に亡くなられたわよ」

「えっ？」

三月といえば、一度、配達が取り消された月です。

でも、それなら、ついさっきの電話は……？

頭が混乱して、どう考えればいいのかわかりません。

「おばあちゃんが亡くなってから、奥さんもノイローゼになっちゃって……。お母さんが、お母さんがって、呟《つぶや》いてね……」

隣の奥さんは痛ましそうに目を伏せました。

私は店に戻ってぼんやり坐りこんでいました。

まとまらない考えが、頭のなかでループしていました。

そのときです。

電話が異常に大きな音をたてて鳴りました。

「……もしもし、いつも配達をお願いしている大橋ですが……」

ズギュッ……！

心臓がねじれるようでした。

実際には短いあいだだったのでしょうが、ひどく長く感じられた沈黙のあと、私は声を絞り出しました。

「あ、あの……、いつもの雑誌は……休刊になって……おりまして……」

そういいながら、これが通じるのかという思いでいっぱいでした。

「……そう。じゃあ、しかたがないわね。いままで……ありがとう」

大橋さんはそういって電話を切りました。

それ以来、大橋さんから電話がかかってくることはありません。

けれど、十九日に電話が鳴ると、いまでも一瞬、ためらわずにはいられません。

# 住人たちを悩ます謎の「咳」

――本山たけし（仮名・三十五歳）佐賀県

数年前、二階建ての木造モルタルづくりのアパートに引っ越したときの話です。

一階と二階にそれぞれ四世帯が入居している、いわゆるコーポという建物ですが、まだ新築間もなく、外見はきれいだし、建築材の匂いがしていました。

当時、まだ独身だった私は、勤務先に近く、家賃も手頃だったので、たったひとつ空いていた一階隅の部屋を借りることにしました。間取りは1DKです。

住みはじめてすぐに、ちょっとした気にかかることがありました。夜中に住人の誰かが咳《せき》こむのです。どちらかというと力なく、しかし、どうしても発作を止められないといった感じの咳で、ときには数分にわたってつづくこともありました。

アパートのほかの住人には興味などありませんでしたから、どんな人が住んでいるのか、ほとんど知りません。かろうじて、隣の人にだけ、引っ越してきた日に挨拶した程度です。

隣の人は単身赴任の中年男性ですが、健康そうで、咳に悩まされているようには見えませんでした。なにより、咳は隣から聞こえてきている感じではなく、かといって二階からでもなく、一階のほかの部屋からとも思えません。

発生場所はぼやけていて、どうも所在がはっきりしませんでした。耳を澄ませてみても、どこかくぐもったような、膜がかかったような聞こえ方をしますが、すぐ近くから聞こえるような気もします。しかし、実際は遠い場所から聞こえてくるのか？　と思ったこともありました。

ときには、咳に何か別の機械音がかぶさっていることもありました。

毎晩のように咳はつづき、ときに奇妙な機械音も聞こえましたが、迷惑というほどの騒音でもなかったので、咳こんでいる人のことを気の毒だな、と思った程度でした。

そんなある日、出勤するときに、隣の中年男性とドアの前でばったり会いました。

「夜中に咳こんでるみたいだけど、大丈夫？」

隣の人は親切そうに、そういいました。

どうやら、その人にも聞こえていたようですが、私は、

「自分ではなく、ほかの住人ですよ」

と答えました。すると、その人は怪訝な顔になりました。

「いや、そんなはずないよ。だって、お宅の部屋から聞こえるんだから。薄っぺらな壁だから、どこの部屋からかってことくらい、すぐわかるよ」

もう一度、私は自分ではないといったのですが、中年男性は信じてくれず、「ちゃんと

病院に行って診《み》てもらったほうがいいよ。放っておくと、肺炎になるかもしれないし」とつけ加えたのでした。

隣の人と無駄なトラブルは起こしたくありませんから、あまり強く反論もせず、その場は曖昧《あいまい》なまま終わりました。そして、きっとアパートの構造上、どこかの物音が私の部屋から聞こえてくるように響くのだろうと、私なりの解釈をしたのでした。

その日の深夜、明かりを消して布団に入ると、またもや咳が聞こえはじめました。毎度のことで気にせず眠ろうとしたとき、ドアがノックされました。ドアを開けてみると、隣の中年男性が「大丈夫？」といって、咳止め薬を手に立っていました。

私はその人を自分の部屋に招き入れました。いちいち説明するより、実際に聞いてもらったほうが早いと思ったのです。初めは不審げな顔をしていた彼も、やがて聞こえてきた咳に顔色を変えました。

「本当だ。ここじゃない。じゃあ、どこなんだ？」

私が「さあ、どこだかわからないんですけど」と肩をすくめてみせると、彼は「今度は私の部屋から聞いてみてよ」といいます。ついでだと思って、隣の部屋に行ってみると……、咳は、たしかに私の部屋から聞こえてきました。

さすがに冷たいものが背筋を流れました。

隣の人は「まだ十一時だ。この際、上の人にも聞いて確かめよう」と提案し、私たちは、上の階に行ってみたのですが、私の部屋の真上は大学生らしい女性で、初めはかなり警戒しているようでした。しかし、咳の話をすると、息を呑んだような顔になりました。

「私も下の部屋から聞こえてくると思っていたんですが……」

といいます。

私たちふたりはアパートじゅうの部屋を訪ねてまわりましたが、みんな、おなじように私の部屋の方角から聞こえるというのです。

「これは……不動産屋に話してみたほうがいいよ」

隣の人は意味ありげに私に助言してくれました。

翌日、鼻で笑われるか、言いがかりだと文句をいわれるかと思いながら、不動産屋に電話をしてみると、意外にも「ちょっとお会いできませんか」といいます。

夕方、指定された喫茶店で、不動産屋の営業部課長補佐という名刺を持った人と会いました。他言しないという約束で、その課長補佐はこんな話をしました。

いまのアパートが建つまで、そこはかなり年季の入った木造の借家があり、老女と息子夫婦が住んでいたといいます。老女は寝たきりで、肺炎を患って、咳こむ発作を繰り返していました。そのたびに、息子の妻、つまり嫁が薬をのませたそうですが、老女は発作が起こるとすぐに枕元にあるブザーを鳴らして嫁を呼びました。やがて、老女は死亡。そこまでなら、よくある話ですが、実はその二週間後、精神を病んでいた嫁が借家に放火したのでした。半焼で消し止められたものの、その家は取り壊されました。

そして、警察は一時期、放火容疑のほかに、殺人ないし保護責任者遺棄致死罪の疑いでも嫁を取り調べたといいます。警察が疑ったのは、老女の介護をだんだん疎《うと》ましく思うようになった嫁が、ブザーの電池がなくなりかけて音が小さくなっているのをいいことに、老女の発作を意図的に無視し、わざと放置して死なせたのではないか……ということでした。

しかし、結局、証拠がなく、放火容疑も心神喪失状態にあったということで、入院措置はとられましたが、罪に問われることはありませんでした。嫁は病院内でしばしば、「また、お母さんが発作を起こしてるわ……」と呟《つぶや》いていたといいます。

もしかすると、咳にかぶさっていた物音は電池のなくなりかけたブザーの音だったのではないかと、私はふと思いました。そして老女がいた部屋が、私の部屋とおなじ場所だったという想像もつきました。

「決してよそでいわないでくださいよ」と何度も私に念押ししたうえで、不動産屋は無料で別のアパートの仲介をしてくれました。ただその際、私は「アパートの住人は、もう咳のことに気づいていますよ」といっておきました。

引っ越しするとき、隣の中年男性にだけは、不動産屋との約束を破って、聞いたことを話しました。もしかすると「他言無用」といいながら、ほかの住人にも伝わったのかもしれません。

つい最近、たまたまその場所を通りかかった私は、コーポが消えて、かわりに駐車場になっていることを知りました。深夜そこで何かが聞こえるかどうかまでは知りません。

## 「この子にあげてください……その目」――小坂俊之（仮名・三十歳）　大阪府

これは二年前に起こった、私の唯一の霊体験です。

友人の杉野のアパートでテレビの心霊番組を見ていると、彼はいきなりそういいました。

「俺なあ、幽霊やったら、毎日見るで……」

「おまえも見たかったら、今夜、泊まっていけばいい」

驚いている私に、彼はそうつづけました。

私はおもしろ半分で、その提案に飛びつきました。それが間違いだったのです。

夜も更け、私はいつのまにか眠っていたようでした。いきなり、足を揺すられて、驚いて身体を起こしました。目を凝らすと、暗い部屋のなかで杉野が唇に手を当て、「シッ」という合図をしながら、指先をベランダのほうに向けました。

「で、出たんか？」

小声で尋ねると、杉野は黙ったまま、頷いて、窓の外の街灯を指さしました。

私は緊張しながら、二階の窓から十メートルほど先にある街灯に目をやりました。

「ブ……ジッ……ブブブ……ジジッ……」

切れかけた街灯の明かりが、せわしなく点滅しています。

私はなるべく音を立てないように、そっと窓を開けると、ベランダに出て見てみました。

瞬間、ゾクッと背中の肌が粟立ちました。

光がフラッシュするたびに、逆光が大小の影を浮かび上がらせています。それは街灯から少し離れたところに立つ女性と、小学校二、三年生くらいの子供の姿でした。

ふたりは親子連れのようで、手をつなぎあったまま微動だにせず、じっと何かを見つめているようでした。

あれが幽霊だというのでしょうか。

杉野を振り返ると、青ざめた顔で頷きます。

部屋に戻り、私たちは額を寄せあうようにして、小声で話しました。

「もう午前三時や。いまごろになると、いつもあそこにいる。普通やないやろ……？　一回だけ、消えるとこも見てるし……」

杉野はそういいましたが、にわかには信じられません。何か危害を加えられたということでもないようですし、怖くても無視するしかない、という杉野の話に、私は気を鎮《しず》めるために大きく深呼吸してから、もう一度街灯のほうを見ました。

「ブ……ジッ……ブブブ……ジジッ……」

親子の姿は相変わらず、そこに佇《たたず》んでいます。

街灯の立つ一画だけが切りとられたような深い闇に包まれ、その漆黒が親子の姿をより鮮明に浮かび上がらせ、たしかにこの世の者ではない……そう思わせるに充分でした。

「……よし、近くに行ってみようぜ」

それは、本当に私のふとした思いつきでした。杉野の顔色はみるみる変わりました。

「俺はいやや。あかんで。絶対に行かんからな」

杉野の怖がり方は少し大袈裟《おおげさ》な気もしましたが、それから起こることを予知していたのかもしれません……。

しかし、杉野が怖がって拒否すればするほど、私の好奇心は膨らんできたのです。彼の制止を無視して、私は玄関に行きました。

「ピンポーン」

私がドアを開けようとしたそのとき、いきなり、チャイムが鳴り響きました。

この時間の訪問客とは、どう考えてもへんです。いやな予感がしました。杉野を振り返ると、彼もおなじことを考えたのか、すぐにベランダから外を見て、そして……首を横に振りました。

「……あのふたり……消えてる……」

いちばん聞きたくなかった言葉に、私の頭のなかは混乱と恐怖で埋め尽くされました。目の前の景色がグルグルまわってさえいるようです。しかし、私は意を決してドアの覗き窓に目を近づけたのです。

そこには……予想どおり、子供を連れた女の姿が……。

色のない肌、濁った灰色の唇、肩までの黒い髪を少し乱して、不自然に俯《うつむ》いた女の瞳の焦点は合っていません。子供は俯いたまま、顔は見えませんでした。

「だからいったやろ……。どないしてくれるねん……」

背後から泣きそうな杉野の声が聞こえてきます。

「この子に……あげてくれませんか……」

ふいに、ドアの外から声が聞こえてきました。そして、

「ドン、ドン、ドン……ドン、ドン、ドン……」

ドアが叩かれました。

「あげてください……この子だけ……持ってないんです……あげてください……」

女の悲しそうな声が、すぐそばで聞こえます。

「何がほしいんや！」

私は恐怖のあまり、大声を張り上げていました。

言い終わったとたん、私は目を見開きました。信じられない光景が目に飛びこんできたからです。女は両手を前に突き出した格好で、ドアを素通りしてきたのです。そして、私の肩を「グイッ」とつかみました。氷のような冷気が肩に直接伝わってきます。

「あげてください……。その目……この子にあげてください！」

「うわあああああ！」

私は女の髪を摑《つか》み、必死で抵抗しました。異様に冷たく、ごわごわした髪が私の恐怖を増幅させました。摑んだ女の髪がブチブチと音をたてて切れ、同時に女の顔がものすごい勢いで私の顔にぶつかってきました。

「ヒッ！」

反射的に目を閉じると、ゴオッッ！　と背後に向かって冷気が吹き抜けました。

後ろで、杉野のこの世のものとは思われないような叫び声が聞こえました。

「ウギイイィー！」

驚いて振り返ると、杉野は頭を抱えこむような形でうずくまり、叫びつづけています。

私はハッとしてあたりを見まわしましたが、女の姿はどこにもありません。

「イイイイイィー！　やめてくれえええぇー！」

「杉野！　しっかりしろ！」

逃げるならいましかありません。私は、狂ったように呻く杉野の背中に手をまわし、無理矢理立ち上がらせようとしました。ですが、杉野は固まったように身体を起こそうとはしませんでした。一刻も早く逃げ出さないと、いつ女が襲ってくるかわからないのです。

私は渾身の力をこめて、杉野を抱き上げました。

そして……見てしまったのです。

杉野の上半身が覆っていた床に、さっきの子供の小さな頭が……。上向きになったその顔の目の部分には……ぽっかりと開いたふたつの空洞がありました。

さっき私が窓の外に見た、暗闇のような黒い穴……。

子供は両目のない顔を怒りに歪めていました。

そして、

「その目玉、俺にくれええぇ！」

人間の声とは思えないような低くしわがれた声が、部屋じゅうに響きわたりました。

「ギャアアア！」

私もついに叫び声をあげていました。

そうしないと、気が狂いそうだったのです。

叫びながら、「やめてくれえ！」といいつづける杉野を引きずって玄関へ……。

それからは記憶が混乱していて、何をどうしたのか、はっきり覚えていません。

気がつくと、私たちは一駅先の友人の家に転がりこんでいました。

まんじりともせず、夜をすごし、朝になって友人の淹《い》れてくれたコーヒーの熱さを感じたとき、ようやく自分たちが助かったのだという実感が湧きました。

その後、数日もしないうちに、杉野は逃げるようにあの部屋を引き払いました。新居に移ってからはいまにいたるまで、特にこれといった現象は起きていないようです。もちろん、私の身のまわりにも。

ただ、やはり心配なのは、あの親子が本当にあきらめてくれたのかどうかということです。それを思うと恐ろしくて、私はいまも、あのあたりに近づくことはできません。

# ドライブスルーの怪――赤坂ゆきえ(仮名・二十八歳)　神奈川県

順子さんは、私がバイト先で知り合った高校生です。

高校ではバスケット部に所属しているので、体力に自信があったのか、たくましさを買われたのか、夏休みにハンバーガーのファーストフード店でアルバイトをすることになりました。その店は、首都圏から海水浴客やサーファーが押し寄せるS海岸に向かう国道沿いにあったので、夏休みになると、殺人的な忙しさになったのです。

とくに車に乗ったままで注文できるドライブスルーは大繁盛で、店の敷地内に入りきれない車が国道に順番待ちの長い列をつくっていました。

順子さんは、バイトのなかでも過酷な〝ドライブスルー待ちの車の誘導〟をやらされていました。国道から店の敷地内に入ってきて、入口で順番を待っている車にメニューを渡しておいて、オーダーを決めておいてもらいます。そのあいだに、出口に走って国道に合流しようとする車を誘導しなければなりません。

その日も一日快晴で、朝から車の列が途絶えることはほとんどありませんでした。

ようやく陽が沈みかけ、影が長くなっても、順子さんは走りまわっていました。

「いらっしゃいませ！　メニューをどうぞ！」

疲れも見せず、明るく声をかけながら、メニューを差し出します。〝店の敷地に入ったら、メニューを渡す〟という決まりなので、国道でウインカーを点滅させながら待っている車には、まだメニューを渡すことはできません。

汗を拭いながらふと国道に並ぶ車を見た順子さんは、灰色の軽自動車に目をとめました。

「あ、うちの車とおなじ……」

いまはもう製造されていないその車種を見かけることは少なくなっていたので、なんだか親しみを覚えました。

何気なく車のなかを見ると、四十歳くらいの男性が運転席に、奥さんにしては若すぎると思われる二十歳くらいの女性が助手席に乗っていました。

と、そのとき、後部座席で何かが動きました。

「あれ？」

と思って、目を凝らしたのですが、子供のような小さな頭が一瞬見えたかと思うと、スッとひっこんでしまいました。そして、ヒョイと小さな手が窓から出て、「バイバイ」というように、ヒラヒラ振られたのです。

頭は窓の下に隠れているので、本人から見えるかどうかはわかりませんが、順子さんも車に向かって、笑顔で手を振ってあげました。

そのあいだにも少しずつですが、車の列は動き、順子さんは〝メニュー渡し〟と〝車の誘導〟の仕事に戻りました。

やがて、順子さんの家の車とおなじ車種の灰色の軽自動車が入口に入ってきました。

メニューを持って軽自動車に向かおうとしたとき、後部座席の窓にまた頭が見え隠れしたかと思うと、小さな手だけがスッと伸びてきました。そして今度は「おいでおいで」をするように、順子さんに向かってヒラヒラと振られたのです。

「いたずらっ子め」と小さな声でいった順子さんですが、このとき、一瞬、背中に冷たいものが走ったことに気づきました。真夏の焼けるような日差しの名残のあるアスファルトの上で、たしかに「ゾクッ」と、悪寒が走ったのです。

前の車が動き、順子さんは灰色の軽自動車の横に立ちました。

「いらっしゃいませ。メニューをどうぞ」

いつものようにいったつもりなのに、喉の奥にひっかかったような声しか出ません。

運転席の窓が開いて、男性が無言のまま、メニューを受け取りました。

そこだけがぽっかりと暗い穴のように見えてしまう後部座席に、順子さんは思いきって顔を向け、そして、そのまま凍りついてしまいました。

その車には……子供の姿もないし、後部座席もなかったのです。

なぜか、シートは取り払われ、内側に張られているはずのレザーもはがされ、むき出しの鉄板があるだけでした。

どこにも……子供の隠れるような場所は……ありません。

「ハンバーガーふたつとアイスコーヒーふたつ」

無表情のまま、男の人はそういいました。

その声に、我に返った順子さんは全速力で店に戻り、身体の震えをとめなければなりませんでした。

〈あの車の誘導はしたくない……〉

そう思ったのですが、店長に「順子さん、急いで!」と急かされると、しかたなく、順子さんは国道のほうに向かいました。

あの車が右のウインカーを出して、車の流れがとぎれるのを待っています。

〈もし、あの窓から、もう一度、手が見えたら……〉

そう思うと、心臓が音をたてて鳴りました。

こうなったら、早く車を国道に出してしまったほうがいいと、そう思った順子さんは半ば強引に車の流れを止めて、灰色の軽自動車を誘導しました。幸いなことに、右に大きくカーブを切って国道に出るとき、窓から小さな手は見えませんでした。

しかし、そのかわり、ふと振り返った順子さんは、はっきり見てしまったのです。

小さな女の子が、リアガラスに顔をくっつけて「ニタッ」と笑ったのを……。

## T団地の恐怖エレベーター——林知美(仮名・三十四歳)　東京都

私の家の近くにT団地はあります。

いまから四十年ほど前に建設され、「日本一の規模」と騒がれたということです。その後、ほかにも巨大な団地は数多くつくられましたが、いまでも初めてそこを訪れた人は迷子になってしまうほどです。

T団地には当初から、いやな話がたくさんありました。

まず、入居の始まった年に五人の人が飛び降り自殺をしてしまったのです。そしてその後、一家三人がやはり飛び降り自殺をしてからは「自殺の名所」というありがたくない名前で呼ばれるようになったのでした。

私の友人がこの団地に住んでいるのですが、ひどいときには「三日にひとり飛び降りた」という月もあったそうです。

団地の一、二階の部分にはスーパーや店舗、病院などもあって、昼間はかなりの人が行き交っています。ですから、飛び降り自殺のピークのときには「上から、何が降ってくるかわかりゃしない」と、住人たちは囁《ささや》きあっていたといいます。

私の友人も学生時代にいつものように商店街を歩いていると、「ゴスン！」というなんともいえない鈍い音がしたので、振り返ったとたん、路上に倒れている中年の男性の姿を見てしまったそうです。

「頭なんて、ぐちゃぐちゃで見られたもんじゃないよ。それにね、知ってる？　人が落ちてくると、その勢いでコンクリートがへこむんだよ」

友人がそんな話をしたころ、T団地をめぐる怖い話はどこに行っても聞かれました。

「団地の廊下を膝から下だけの足がスタスタ走ってた」

「夜、階段を使うと、足首を掴《つか》まれる」

「屋上から泣き声や叫び声が聞こえてくる」

……そんな話は無数にあったのです。

でも、本当に怖い出来事は、私自身にふりかかってきたのでした……。

あまりにも自殺者が多いので、やがて屋上につながる階段には鉄の扉がとりつけられ厳重に鍵がかけられて、上のほうの階には飛び降り防止用のフェンスがとりつけられると、飛び降りはまったく不可能になりました。

　そして、数年たったある夏の夜のことです。

　私は、友人の家に忘れ物をしてきてしまったことに気がついて、夜風に吹かれながら、ひとりでT団地に向かいました。

　友人の家は十階にあります。

　いつものようにエレベーターの前で、私は上向きの三角のボタンを押しました。

　九階で止まっていたエレベーターが「グワン」と音をたてて動きはじめました。

　私の目の前で、その扉が開いたとき、心なしか、なかの空気がいつもより冷たく感じられました。一歩なかに入ると、蒸し暑い夜なのに、エレベーターのなかだけ、まるでクーラーが入っているみたいに……。

〈いやだな……。なんかへんだな……〉

　と思ったときには、エレベーターの扉はもう閉まっていました。

「キィ……ガガガガ……」

　エレベーターは鈍い音をたてて上昇しはじめました。

　三階にさしかかったとき、足元からさらに冷たい風がスーッと流れてきて、

〈やっぱりへんだ……。降りなきゃ……！〉

そう思った私は、四階、五階、六階とすべてのボタンを闇雲に押していました。とにかく、早くこのエレベーターから降りたくて、バンバンと叩くようにボタンを押したのです。

しかし……。エレベーターは止まってくれません。

「ガガガガガガ……」

ゆっくりゆっくりエレベーターは上がっていきます。

「何か」ある。周囲の空気にそう感じて、みるみる鳥肌が立ってきました。

そのときです。

私は全身に強い視線を感じました、気のせいなんかではありません。

たしかに、誰かがそっと息を潜めて、私を見ているのです。この狭い箱のなかで……。

「ガクン！」

強い衝撃があったかと思うと、なかの電気が消えて、しーんと静まり返ってしまいました。エレベーターは止まっています。ただ、幸いにも電気はすぐについたので、私は外に連絡できる緊急用のボタンを押しました。

でも、誰かが、まだ見ています。

私はボタンを押しつづけながら、そっと自分の右側を見ました。……誰もいません。左側も確かめましたが、誰もいません。思いきって振り返ってみましたが、誰もいません。

すると、またエレベーターが動きはじめたので、ホッと息をつきながら、私は祈るような気持ちで「あと少しで十階、あと少しで十階」と呟《つぶや》いていました。

もう八階まで来ています。

エレベーターの正面のドアにあるガラス窓の部分に、自分の顔が映っていました。それは青白くて、自分自身でも気味悪く感じられました。

そのとき、私は何の脈絡もなく、前に聞いた友達の話を思い出してしまったのです。

「ゴスン」という鈍い音がして、へこんだコンクリート……。

そして、みんな口々にいっていた、

「上から、何が降ってくるか、わかりゃしない……」

という言葉。

私は気づいてしまいました。この強い視線がどこから注がれているのか。

私は目を閉じようとしました。でも、凍りついたように、瞼《まぶた》は動きません。そして、私の意に反して、首がゆっくりゆっくり上を向いてしまうのです……。

だらりと下がった白い腕のあいだの潰れた顔から、ギラギラ光るような目が、じっと見おろして……。

そのまま、私は気を失っていました。

気がついたとき、私は最上階の廊下に倒れていました。押していないはずの最上階に私を連れていったのは、誰だったのでしょう。

## 「だって……足がないから……」

――鹿内睦月（仮名・四十一歳）東京都

それは、ずっと昔の出来事でした。

私が北海道から東京に引っ越してきたのは、小学校二年生の春休みでした。北の大地はまだまだ雪が残っている時期でしたが、東京の春は暖かく、子供心に季節を一気に飛び越えてきたようなワクワクした感じをもちました。

ただ、ほんの少し物足りなかったのは、春休みの最中だったので、友達ができなかったことです。

ひとりっ子だった私は、家のなかで一日じゅう、母にまとわりついて、退屈をもてあましていました。ですから、私が思いきって近所を探検してみようと思いついたときには、母も喜んで、「気をつけて行ってらっしゃい」と、送り出してくれました。

私の家の周辺には古い家が建ち並び、大きなお寺もありました。格子戸や瓦屋根、そして、松の木の塀など、それまで住んでいた北海道では見慣れない風景でしたから、本当に「探検している」といった感じでした。

私は、迷子にならないように慎重に歩きました。

「家を出たら、一回右に曲がってまっすぐ歩く」

「タバコ屋さんの角を左に曲がる」

いちいち声に出して自分にいいきかせながら、歩きつづけました。

初めての道というのは不思議に遠く感じるものです。まだ小さかった私は、「探検」とはいっても、ものの十分も歩くと心細くなって、もと来た道を小走りで戻っていきました。

それでも、どこに行ったかを母に毎日報告するのは、誇らしいような気分でした。

そんな何日かを過ごしたある日のことです。

その日はいつもに増して、遠くまで歩いていました。ふと、路地を曲がった奥のほうに、私は小さな空き地を見つけました。新しい遊び場を見つけたと、母に報告しようと、帰りかけました。そのとき、空き地の雑草の向こうで何かが動きました。

ドキッとしましたが、そこに現われたのは、私と同い年くらいの女の子でした。

最初になんと声をかけたのか、覚えていません。たぶん「何してるの？」といった他愛ない言葉だったと思います。

引っ越してきてから、初めておなじくらいの歳の子供に会った私は嬉しくて、どんどん話しかけていました。仲良くなるのに時間などかかりませんでした。しばらく空き地で遊んだ私たちは、「明日もいっしょに遊ぼうね」と約束して別れたのでした。

それからというもの、私たちは毎日、空き地で遊びました。ままごとをして雑草のご飯をつくったり、クローバーを摘んだり、縄跳びをして汗だくになることもありました。

そんなある日、私は何気なく、

「ねえ、お家はどこ？」

と、聞きました。

すると、その子はちょっと困ったような顔をして、しばらく黙っていましたが、小さな声で、「夢の国」と答えました。

「夢の国？　どこにあるの？」

つづけて尋ねると、女の子は、

「この道をまっすぐ行った突き当たり」

と、指さしました。

女の子の指さした道はずっと遠くまで延びているうえに、わずかにカーブしていたため、その先の突き当たりまでは見えません。

「今度、遊びに行ってもいい？」

と聞くと、「いいよ」と答えながら、女の子はにこにこ笑っていました。でも、そのとき、具体的に「いつおいで」というような言葉はありませんでした。

私に仲良しの友達ができたことを喜んだ母に「連れていらっしゃい」といわれた私は、次の日、

「今日、これから私の家にくる？」

と誘ってみました。

すると、女の子は急に悲しそうな顔になって、「行けない」といいます。

私は「どうして？」と尋ねました。

すると女の子は、こういったのです。

「だって……足がないから……」

私はなぜ、このとき、不思議に思わなかったのでしょう。

女の子は「足がない」といったのに、私は「遠くまで歩くと足が痛いから」と、勝手に思いこんだのかもしれません。

新学期が始まるまで、私たちは毎日、空き地で遊びました。そして、次の日が始業式と

いう日、「明日学校で会おうね」というと、女の子は「うん」と頷いたのですが、学校でその子を見かけることはありませんでした。

そして、空き地に行ってみても、会うことはできませんでした。

新しい学校にもすっかり慣れて、クラスの友達数人といっしょに遊んでいた日のことです。あの空き地に私たちは行きました。私は女の子のことを話したのですが、みんな「そんな子は知らない」といいます。

「だって、この道をまっすぐ行ったところが、その子の家なんだよ」

と、私がいうと、みんな「えーっ！」といっせいに声をあげました。

「そんなわけないよ。いっしょにおいでよ」

友達に囲まれるように細い道をどんどん歩いていった私は、突き当たりの光景に息をのみました。

そこは、墓地だったのです。

私がいっしょに遊んだあの女の子は、いったい誰だったのでしょうか。

いまとなっては、まったくわかりません。

そして、あんなに仲良く遊んだのに、毎日名前を呼び合っていたのに、どんなに考えても、私はあの子の名前を思い出すことができないのです。

ただ、もう一度あの子に会うことがあったら、私は「あのときの女の子だ」と確実にそういえる自信があります。

## 廃墟救急病院深夜大潜入

――桜木和馬（仮名・二十四歳）　石川県

高校生活でいちばん盛り上がる秋の文化祭も終わってしまって、あとはつまらない期末試験を残すだけになったころのことです。

クラスメートの織田秀樹と木下拓也と僕の三人は、何かおもしろいことはないかと、いつも集まっては盛り上がっていました。特に気の合うこの三人組は、学校のグラウンドの向こうにあるコンビニに行くときもつるんでいて、マンガの立ち読みをしたりしたものでした。

あるときのことです。

コンビニと道路を挟んで建つ謎の建物のことが話題になりました。昼間でも、見た瞬間に鳥肌が立ちそうになるほどの薄気味悪い建物……。

「あれ……病院だったんだぜ。いまは廃墟になってるけど……。なんで廃墟になったのかは知らない。拓也に聞いてみればいいじゃん、あいつの家あそこの近所だし……」

秀樹にいわれて、拓也に聞いてみると、

「あれ、T救急外科病院だったけど、十年前に閉鎖されたんだ」

といいます。

廃墟の病院が十年間も放置されているのが不思議でした。

「じゃあ、今夜、忍びこんでみようぜ」

といいだしたのは、秀樹でした。

そして、その夜の十時に僕たちは病院前のコンビニに集合しました。

そこで僕たちは小さな懐中電灯を買い、古い小型の録音機も持って、侵入を開始することにしました。

病院は細長く、ふたつの棟に分かれています。コンビニに面したほうは正面玄関のある北病棟。その奥に、コンビニからはまったく見えない南病棟がありました。正面玄関はコンビニの明かりに照らし出されて、こっそり忍びこむには不向きです。北病棟の西側にまわりこんでみましたが、一階の窓はすべて針金入りで、割れそうにもありません。

「とにかく一周してみようぜ」

秀樹の提案で、僕たちは足を進めました。

歩きながら、懐中電灯で内部を照らしていると、器械装置がいっぱいあり、天井から電球がつまったライトの下がった部屋がありました。手術室に違いありません。部屋の真ん中にベッドがあって、緑色の布がかけてありますが、その中央が不自然に盛り上がって見えます。

「ここで、何人、死んだんだろうな……」

秀樹の言葉に答える者はいませんでした。

結局、北病棟で侵入口を見つけることはできず、僕たちはそのまま、南病棟へ……。

「おい、あそこに螺旋《らせん》階段が見えるだろ。あれで入れないかな、屋上からとか……」

僕の提案に拓也が突然、頭を抱えました。

「あああ……、いま、思い出した。あの階段は……タブーだ……」

拓也の顔面は蒼白でした。

「オレが小学生のころ、ユウヤって友達がいて、そいつ、心臓が悪かったから、何度かここに救急車で運ばれてきてたんだ……。あるとき、誰がいちばん怖がりか決めようってことになって、あの螺旋階段をみんな登っていったんだ、屋上まで……」

「で、どうした……」

「オレ、怖がりで、最後までいたんだよね、下に。そしたら、先に行ったユウヤの身体がフワッと浮いて……落ちてきた……」

もう、最後まで聞かなくてもわかりました。心臓の悪かったユウヤだけど、病気では死ななかった……。

なぜ、拓也がいままで思い出さなかったのか、不思議でした。人間は、いちばんショックだったことを忘れてしまうようにできているのかもしれません。

螺旋階段はあきらめ、さらに進むと、ふたつの病棟を結ぶ通路のところだけ、普通のガラスになっているのを見つけました。大きな石を拾い、タオルにくるんでぶつけると、ガラスはあっけなく割れました。

なかは埃《ほこり》と黴《かび》の匂いが充満し、異様な雰囲気です。十年間誰も足を踏み入れてないのですから、電気、水道、ガス、すべて止まって、まさに廃墟でした。

南病棟につづくドアの前に行ってみたのですが、それは厚い鉄の扉で、開きそうにもありません。逆側の北病棟への扉の前に行ってみました。すると、それは木でできた、簡単に壊れそうな扉です。

僕たちは、三人同時にこのドアを蹴って壊すことにしました。

「せえ、の――！」

かけ声と同時に体当たりしたとたん、「ガガガガバリバリガシャッ！」大音響が耳をつんざき、その大きさに驚いた僕たちは、一目散に病棟の外に出ました。

コンビニの駐車場に戻ったときは、すでに深夜○時をまわっていました。わけもなくおかしくて、顔を見合わせては笑っていたのですが……。

「あ、録音機……」

という拓也の声に、その場がしーんと静まってしまいました。

秀樹が父親のものを黙って持ち出した録音機を落としたというので、僕たちはしかたなく、取りに戻ることになりました。ただ、ユウヤのことを思い出してしまった拓也は、コンビニのなかに逃げこんで、出てこようとしませんでした。

ふたたび暗闇のなか……。

「ウィーン、ウィーン……」

録音スイッチが入りっぱなしの録音機の音だけが不気味に響いています。

……………？

それだけではありません。……どこからか、水の流れる音が……。

「せっかく来たんだから、記念撮影して拓也に見せてやろうぜ」

秀樹はいうが早いか、壊れた扉をくぐって北病棟のなかに入っていきます。そして、ためらうことなく手術室のドアを開けて指さしました。

「そこの手術台を真ん中にして、この部屋、全部入るように……」

「マジかよ……。おまえ、気持ち悪くないのか」

秀樹は黙ったまま、携帯を構えました。

「パシャ」

シャッター音が響きました。

そして、それにつづいて……水の音……。

気になる……。僕たちは水の音に誘われるように、階段の下のトイレに入っていきました。右手に持った懐中電灯を恐る恐る音のするほうに近づけていくと、洗面台の蛇口が目に入りました。

「これか……?」

僕は、めいっぱい蛇口をひねりました。そのとたん、

「ジャ――――!」

血のように真っ赤な水が勢いよく流れ出したのです。

僕たちは脱兎《だっと》のごとく、逃げ出しました。

そして拓也のいるコンビニに走ったのです。

「いやあ、驚いたよ。でも、考えてみれば、驚くことはないよな。あれは、錆《さび》だよ、錆」

秀樹がジュースを飲みながら笑いました。

しかし、つぎに拓也がいった言葉が、僕たちふたりを凍りつかせたのです。

「水道、止められてる廃墟なのに……、なんで、水が出るんだよ……」

## とっておきの怖い話——吉川ゆう（仮名・二十二歳）東京都

中学二年の夏休み、学校での水泳教室を終えた私と友人の麻紀子は、自分たちの教室に戻って帰り支度をしていました。

三時間も泳いだあとだったので、ふたりともくたくたで、すぐに帰る気にはなりません。なんとなく、椅子に腰かけたまま、他愛ない話をしていました。

そのうちに、麻紀子が「怖い話をしよう」といいだしたので、私たちは交互に知っているかぎりの怪談話をし、大袈裟《おおげさ》に怖がったりして、盛り上がっていました。

時間も忘れて話に夢中になっていると、廊下のほうから騒がしい人の話し声が近づいてきました。おなじクラスの数人のバレー部員が、ちょうど夏合宿から帰ってきたのです。

「いま、怪談話してたのよ」

そういうと、みんなもおもしろがって集まってきました。そして、「私も怖い話を知ってるよ！」「私も……！」と、つぎつぎに話しはじめたのです。

ひとりが話すたびに、「キャーキャー」と、その場は大騒ぎになりました。

「私も、仲間に入れて！」

突然、教室の入口のほうから声がしたので、驚いて振り向くと、見知らぬ女の子が立っていました。ほかのみんなにも見覚えのない子のようでした。

「私、六組のヨウコ」

六組にこんな子いたかなあ、と思いながら、

「ヨウコちゃんていうんだ……。おいでよ」

と手招きすると、ヨウコちゃんは嬉しそうにみんなの輪のなかに入ってきました。

それから、またしばらく怖い話をつづけていましたが、バレー部員のひとりが、

「怖い話をしてると……霊が集まってくるんだよね」

と、いきなりいいました。

その一言で、みんななんだか気味が悪くなってきたので、「そろそろ帰ろうか……」という雰囲気になりました。

「じゃあ、最後にとっておきのを……」

麻紀子が話しはじめました。

「みんな、知ってるよね。昔、この学校で、女の子の首吊り自殺があったこと……。でも、どこの教室で首を吊ってたかって、先生たちは誰も教えてくれないじゃない？　このあいだ、聞いちゃったんだ……。その教室って、実は……」

「ここよ！」

叫んだのは麻紀子ではありませんでした。

声のほうに視線を向けると……、目の前に首吊り死体が……。しかも、それは先ほど仲間にくわえた、あのヨウコちゃんだったのです。

「キャ――――！」

私たちは、一目散にその場から逃げ出しました。

私は麻紀子と手をつないで、帰り道を走りつづけました。そのあいだじゅう、麻紀子は、

「私のせいだ。私が怖い話をしようなんていったから、だから出てきちゃったんだ。やっぱり本当なんだ……、集まってきちゃうんだ……」

と泣いていました。

麻紀子を家まで送ってあげて、そのあともずっと走って、なんとか家にたどりつき、母の顔を見たら、やっと落ち着きました。

しかし……。それだけでは終わらなかったのです。

しばらくして、夕食を食べていたら、麻紀子から切羽詰まったような電話が入りました。

「見た？　まだ、見てないの？　テレビ……。ニュースを見て！　いますぐ！」

なんのことかわからないまま、テレビのニュース番組をつけました。

「本日、バスが崖下に転落。全員が死亡するという事故がありました。乗っていたのは、私立〇〇中学校のバレー部員の皆さんと、顧問教師一名で、合宿先から学校に戻る途中に、この事故にあったものと思われます。なお……」

バレー部の皆さん……？

じゃあ、さっきまで私たちといっしょにいたのは……？

「私たち、ずっと……ふたりきりだったんだよ……」

受話器の向こうから、麻紀子の消え入りそうな声が聞こえてきました。

# 第二章　怨霊がひそむ歪んだ空間

# 世にも恐ろしい「遊戯」

横井元彦(仮名・三十歳) 大阪府

何かの本で読んだことがあります。子供の霊は、その無邪気さゆえに恐ろしいと……。これからお話しすることは、私が大学時代、そのことを目の当たりにした出来事です。

その日、私は、隣県に新居を構えた従兄弟《いとこ》の家に招待されていました。久しぶりだったので、話に花が咲き、帰路についたのは、もう日付が変わる直前でした。あのとき、泊まっておけば、あんな目に遭うことはなかったのです……。

ちょうど県境まで車を走らせると、道路にはまったく街灯がなくなり、すっかり闇に包まれました。昼間は田園風景が見渡せるいい雰囲気の場所なのですが、夜になると、そこはまったく別世界でした。

しばらく行くと、ヘッドライトが道路の左端に人影をとらえました。俯《うつむ》いていたので、顔立ちは判別できませんでしたが、スポーツ刈りで、白いTシャツと青い半ズボンを身につけた五歳くらいの男の子でした。

〈こんな時間に、こんなところで何をしてるんだ？　迷子かな？〉

薄情かな、とも思いましたが、何も見なかったことにして、男の子を素通りしました。

しばらく走ると、また道端に人影を見つけました。五歳くらいの男の子です。その子もスポーツ刈りで、白いTシャツと青い半ズボンでした。

私は再度、素通りしました。

ところが、そこから数百メートルも行かないうちに、またもや男の子が立っていたのです。スポーツ刈りで、白いTシャツと青い半ズボン……。

「……おなじ子だよな、三人とも……」

口に出して、ついいってしまって、ハンドルを握りしめた手に力を入れました。

三度めに、男の子の横を素通りしようとしたとき、異変が起こりました。

それまで、微動だにしなかった男の子が、スーッと顔を上げたのです。私は反射的に、その顔を見てしまいました。

生気のない無機質な顔……。この世のものではありません。

「ヒッ」

私は声にならない声を漏らして、目を逸らしました。それなのに、なぜでしょう？　いやな胸騒ぎを覚えて、バックミラーで、男の子の様子を窺《うかが》ってしまったのです。

そこに映し出された光景に、私は息を呑みました。なんと、男の子が追いかけてくるではありませんか！　しかも、少しずつ距離を縮めながら……。

たしかに、見通しの悪い狭い道ですから、そんなにスピードは出ていませんでしたが、子供の足で追いつくことのできる速さではありません。それなのに、男の子は生気のない顔に不釣り合いな満面の笑顔で、私の車を追ってくるのです。

私はそれを振りきろうと、アクセルを踏みこみました。ところが……。

「バコンッ、バコンッ、バコンッ！」

車の後部でものすごい音と衝撃が起こりました。ルームミラーを見ると、男の子が、まるでクロールのように、右、左、右、左と交互に腕を振りまわして、トランクを叩いているのです。その力は、並大抵のものではありませんでした。その証拠に、車は大きく振動したのですから。

「バ、バケモノかよ！」

しかし、私の言葉に反して男の子は遊びを楽しむように嬉しそうな表情を見せています。

「キャハハハハ……キャハハハハハ……」

男の子の声が車内に木霊《こだま》して、私の神経を逆撫でしてしまいました。

パニック寸前の私は、必死になって理性の糸が切れないように歯を食いしばりました。

しかし、男の子のつぎの行動は、それを許してくれませんでした。

なんと、男の子はトランクに足をかけ、天井を踏み台にして、ボンネットに飛び移ってきたのです。その瞬間、私の視界はフロントガラス越しの、青白い無邪気で屈託のない男の子の顔によって、さえぎられてしまいました。

「キャハハハハハ……」

一拍おいて、男の子が大きな笑い声をあげました。

そして、この時点で、私は気を失ったのです。

薄れていく意識のなかで、激しい衝撃が全身を襲ったような気がしました。

気がつくと、あたりは朝靄《あさもや》に覆われていました。私は痛みを感じながらも、自分の身体が自由に動くことを確認すると、そっと周辺を見渡しました。

あの男の子の姿は……どこにもありません。

私の車は車道を大きくはずれて林のなかに突っこんでいました。そして、ものの見事に大木に激突していたのです。もし、エアバッグがなければ、命はなかったかもしれません。

私は恐る恐る車外に出てみました。朝の空気は澄みきっていて、数時間前の悪夢が嘘のようです。しかし、車のボディを見て、私はゾクッとしました。

そこには男の子に叩かれた痕跡と、小さな手形が無数に残されていたのです。

後日、あの道路は因縁つきの場所で、事故が絶えないという噂を耳にしました。あの男の子と関係があるのかどうか、私にはわかりませんが……。

ただ、確信をもっていえることが、ふたつあります。

それは、あの男の子があの道を遊び場所にしているということです。気まぐれに、時と相手を選びながら……。

そして、もうひとつ。それは、あの男の子が「遊戯」をつづけるかぎり、あの道路での事故は増えつづけるという事実です。

## ぬいぐるみを抱いた女——谷川雅子（仮名・五十六歳）埼玉県

東京都の北に位置する私の住む街は、最近、どんどん便利になってきました。昔は貨物列車専用だった鉄道も、いまでは生活に欠かすことのできない路線になり、利用客もふくれあがっています。

都の東から西を大きくまわりこむように走るM線は、通勤時間こそ、すし詰め状態ですが、日中は外の景色とおなじようにのんびりとした車内に変貌します。

ある真夏の昼下がり、私はふたつの線が交差する駅からM線に乗り換えました。車内は比較的すいています。空席は探さなくても、いくつもありました。ドアの左側の椅子に腰かけたとたん、私の目は斜め前の女性の姿に釘づけになりました。その人は、たっぷりとした長い髪を垂らし、頭に大きなサングラスをのせています。そして、膝には三歳くらいの子供の大きさはあるのではないかと思われる、熊のぬいぐるみを抱いて。

彼女はぬいぐるみの顔を外に向けて、景色を見せてでもいるかのように、何か話しかけています。いかにも賢そうなキリッとした顔、白いブラウスに黒いメッシュのベルト、黒のロングスカートのスリットから覗いた脚がほっそりと美しい人です。その容貌とぬいぐるみは、気味が悪いほどミスマッチでした。

彼女は何か用事を思い出したかのように、ぬいぐるみを右隣の空席に置いて立ち上がり、ドアの近くに立って路線図を見はじめました。

熊のぬいぐるみの隣になってしまった中年の男性は、いかにも落ち着かない様子で、そわそわとしていましたが、たまりかねたように、隣の車両に移動してしまいました。

女性が、もとの席に戻ってきました。

そして、今度は絵本を取り出すと、ぬいぐるみを膝の上に抱き上げて、その顔の前で絵本を開いたのです。彼女は小さな声で絵本を読みはじめました。

車内はシーンとして、みんなが聞き耳を立てていますが、誰ひとりとして、彼女のほうを見る人はいません。

女性は熊の頭をいとおしそうに撫でました。

やがて、電車が三つめの駅に着きました。女性の周辺は、立つ人も坐る人もなく、奇妙な静けさに包まれています。私はドアが開くと同時にホームに降りました。すると、すぐに女性は、私を追いかけるように降りてきました。

素知らぬ顔で歩きはじめたとたん、

「トントン」

誰かが私の肩を叩きます。

驚いて振り返ると、そこには、熊のぬいぐるみの真ん中についている真っ黒な瞳がじっと私を見つめていました。

その後ろで女性がにっこり笑いました。

「うちの子、あなたが好きみたい」

そういいながら、ぬいぐるみをスッと差し出すと、その目が笑ったように細くなり、両方の手がわずかに私のほうに伸びてきました。

まるで、「だっこして……」といっているみたいに……。

「ギャッ！」と叫びそうになって、私は走って階段を下りました。

あのとき、女性の顔が一瞬、ぬいぐるみになっていました。たしかに……。

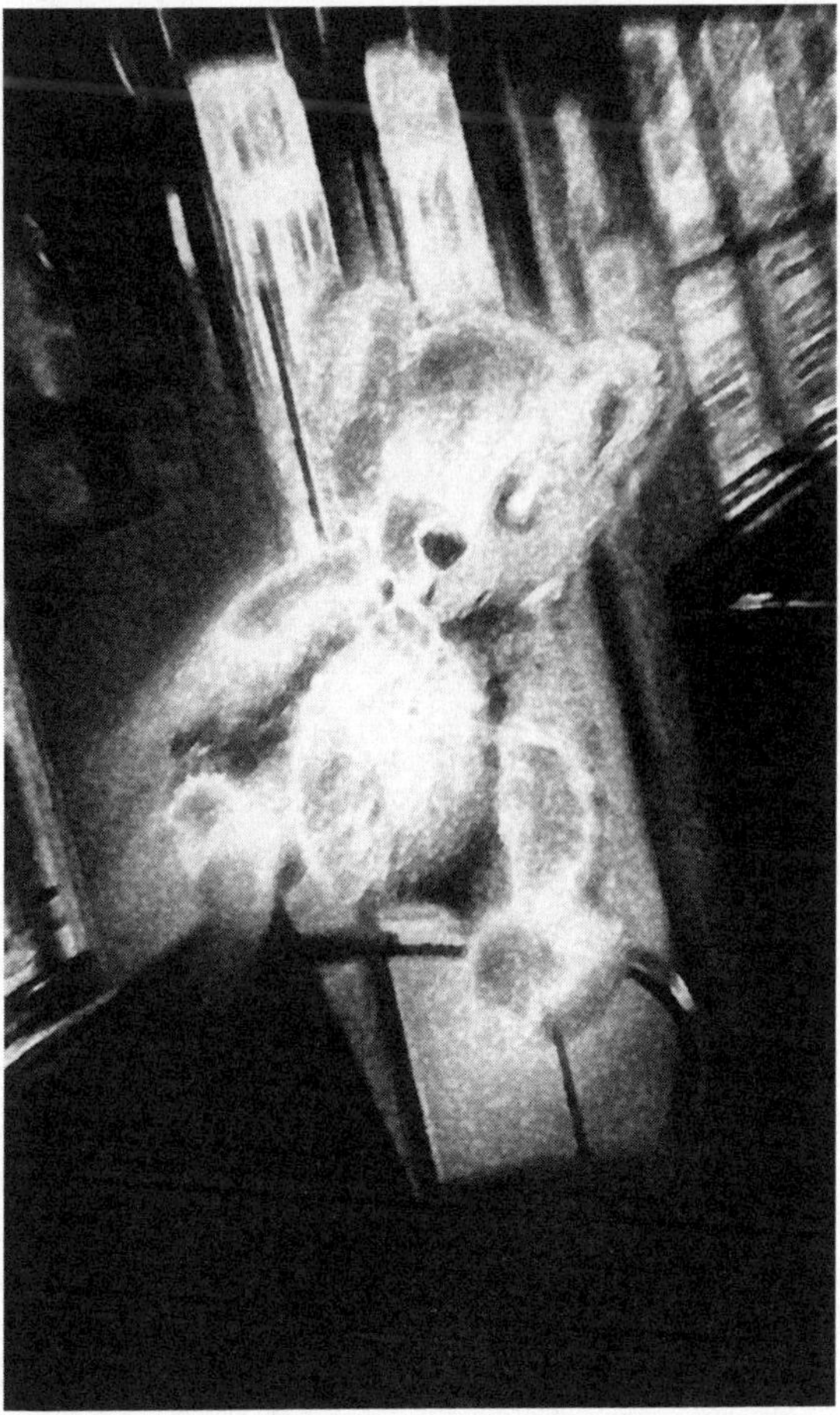

そっと、振り返ってみましたが、階段の上にぬいぐるみを抱いた女性の姿はありませんでした……。

## 真夜中の電話ボックス——藤淵康雄（仮名・四十五歳）大阪府

その奇妙な出来事が最初に起こったのは、真夜中の電話ボックスのなかでした。

まだ携帯電話が普及していなかったころのことです。当時、大学一年生だった私は、遅番のバイトを終え、おなじサークルで出会った彼女のところに電話をかけました。つきあいはじめて間もない私たちは、時間が経つのも忘れて話に夢中になっていました。

しかし、そのうち受話器の向こうから、彼女の声に混じって誰か別の人の声が聞こえてきました。ブツブツいっているだけで、初めは雑音かと思ったくらいです。

「俺のほかに、誰かの声、聞こえないか？」

私が聞くと、彼女は、

「私にはぜんぜん聞こえないけど……。混線してるのかしら」

といいます。

彼女はまったく気にもかけないで、大学の話題に戻りましたが、私はこちらの受話器にだけ聞こえてくる声がだんだん気になりはじめました。

「……今日……おまえ……ううう……」

彼女の声に混じって、不気味な声はやむことなくつづきます。まるで、私に向かって何かを訴えているような声でした。

私はその声が気になって、だんだん彼女との会話に集中できなくなってきました。そして、気のせいか、深夜だというのにまわりの気温が徐々に上がってきはじめたようです。その反面、背中は妙に寒いのです。

何気なく見た時計の文字盤は、午前二時をさしていました。

このただならぬ空気に耐えかねて、私は彼女との電話を中断すると、電話ボックスの外に出ようとしました。

ところが……。

電話ボックスのドアが開かないのです。渾身の力をこめて、押しても引いてもびくともしません。私はすっかりパニック状態に陥り、大声で叫びましたが、深夜の人通りのないその場所は、通行人どころか、猫の子一匹近寄ってくる気配はありません。

声を枯らして叫んだあと、私は「自宅に電話をする」ことに気づきました。そんな単純な方法さえ思いつかないほど、気が動転していたのです。

テレフォンカードを取り出して、受話器を取ろうとしたとたん、

「リーン、リーン、リーン……」

電話がけたたましく鳴りはじめました。

私の神経はふたたび、混乱をきたしてしまいました。決して向こうからかかってくることなどないはずの公衆電話は、電話ボックスのガラスを震わせるほどの勢いで鳴りつづけます。

私は恐怖でブルブルと震えていました。いったいどのくらいそうしていたでしょうか。いつまでたっても鳴りやむ気配のない電話を、なすすべもなく、放心状態でじっと見つめていたのですが、そのうちに「もしかしたら」という気持ちが起こってきました。

それは「もしかしたら、この電話は俺に用事があってかかってきているのかもしれない。そして、受話器を取らないかぎり、自分はここからずっと出られないのだ」という気持ちでした。暑さと狂気で蒸しかえるボックスのなかに、いつまでも閉じこめられていたくはありませんでした。

私は意を決して、大きくひとつ息をすると、受話器を取り、耳に当てました。

そこから聞こえてきたのは……やはりブツブツと何をいっているのかわからない声でし

た。いえ、ただひとつわかったことがあります。それは、間違いなく、男の声でした。そして、その声に、私は聞き覚えがある……。

「まさか……」

はっとして腕時計を見ました。確かめたかったのは、時刻ではなく、日付でした。

六月十五日……。それは、私の父の命日でした。

そのとき、私は確信しました。いま、受話器から話しかけようとしているのは、ほかの誰でもない、私が中学生のときに亡くなった、父親なのだと。

そう思った瞬間、電話はプツンと切れていました。

そして、手を伸ばしてみると、電話ボックスの扉はなんなく開いたのです。

翌朝、家族が起きてくるのを待って、私は電話ボックスでの奇妙な出来事を話しました。

すると、不思議なことに姉も会社で電話を取るたびに、混線しているのではないかというような男の声を聞いたといいます。

思えば、父親の供養はずっと月命日ですら欠かしたことがないというのに、その年は私の大学入学、姉の就職とそれぞれの生活環境が一変してしまったので、自分のことに精いっぱいで、父親のことをすっかり忘れてしまっていたのです。

夜になり、母と姉、そして私は、そろって父の思い出話に花を咲かせていました。

そして、もうじき日付が変わろうかというとき……。

「ルルルルル……」

電話が鳴り響いたのです。

私たちは息を呑み、たがいに顔を見合わせました。誰が出るのか、誰もが躊躇していましたが、結局、男の私が受話器を取ることになりました。

「……もしもし」

受話器を耳に当てても、何の返事もありません。

ただ、あの電話ボックスで聞いた声が、相変わらず、ブツブツと何かいっているのです。

私は、これは父親だと、確信しました。

「父さん……」

思わず声に出してしまうと、ふいに電話の向こうの声がとぎれ、同時に仏壇のろうそくがフッと消えました。

柱時計を見上げると、午前〇時ちょうどをさしていました。

私たちは口にこそしませんでしたが、三人とも、心のなかではおなじことを考えていたのだと思います。

きっと、父さんはいま、あの世に帰っていったのだと……。

## 何度も夢に出てくる老婆――桜井雅司（仮名・二十三歳）　京都府

これは僕が実際に体験した話です。

いまから十五、六年前、小学校の低学年だったころです。お盆近くの夏休み、決まっておなじ夢を見ることがありました。おなじ夢というと語弊があるかもしれません。正確にいうと、夢に登場する人物がおなじだったのです。

その人物は、茶色の着物を着たおばあさんでした。たとえは古いですが、昔、東京都知事だった青島幸男さんが演じた「いじわるばあさん」のような格好をした人です。

そのおばあさんは、僕が夢で〝あること〟をすると登場しました。〝あること〟とは、悪さをして逃げること。そうすると登場するのです。友達を叩く、うそをつく、ものを盗む……。悪いことをして逃げ出すと、決まって不意に現われるのでした。

登場の仕方にも法則がありました。建物の角、押し入れのなかなどから突然現われて、「また会えたね。さあ、いっしょに行こう」と決まっていうのでした。

どこに行く気なのかはわかりません。僕の手を握ってどこかにひっぱろうとするのですが、そこで目が覚めました。そして、なぜか、夢のなかでおばあさんに握られた手には、その感触がいつまでも残っているのでした。

ある夜のことです。おばあさんはついに夢以外にも現われたのです。

当時、僕は兄とふたりで二段ベッドを使い、上が兄、下が僕の場所になっていました。眠っていると、ふいに人の声が聞こえたので、僕は初め、兄が寝言をいったのだと思って、それほど気にとめていませんでした。ところが……、その声が上からではなく、頭のほうから聞こえてくることに気づきました。そこには押し入れがあります。

頭を起こして、押し入れのほうを見ると、そこにぼんやりと小さな人影のようなものが見えました。僕はじっと目を凝らしました。人影は押し入れの襖《ふすま》から出てきたような感じで、ポッと浮かんでいます。

そして、その影はゆっくり動きはじめたのです。

最初見たときは二十センチほどの小さな物体でしたが、それはしだいに形を鮮明にしていき、やがて夢に現われるおばあさんの形になったのです。茶色の着物に、結い上げた髪、微笑んでいるような優しい顔は紛れもなく、夢に登場するおばあさんでした。

おばあさんは宙に浮いたまま、僕のほうに近づいてきます。小さかった身体が近づくにつれ、徐々に大きくなり、そして、囁《ささや》くような声もはっきり聞き取れるようになりました。

「かくれんぼする人、寄っといで……。かーくれんぼする人、この指とまれ……」

よく見ると、おばあさんは人差し指を立てています。

僕は布団を頭からかぶって堅く目を閉じ、身体をできるだけ丸くしました。

でも、声だけははっきり聞こえてきます。

「かくれんぼする人、寄っといで……。かーくれんぼする人、この指とまれ……」

声はだんだん近くなってきました。それはおばあさんが僕に近づいてきていることを意味します。僕は理由もなく、「ごめんなさい、ごめんなさい」と繰り返し謝っていました。

やがて、おばあさんの声は僕の真横から聞こえはじめました。

「かくれんぼする人、寄っといで……。かーくれんぼする人、この指とまれ……」

僕は絶対に目を開けるものかと、歯を食いしばって目を閉じていました。おばあさんは僕の横から、なかなか動きません。まるで子守歌のように、おなじ台詞《せりふ》がつづきます。

いったいどのくらい、この均衡がつづいたでしょう。僕にはとても長く感じられましたが、実際には数十秒だったかもしれません。

子供にとって、長く緊張を保ちつづけるのは困難でした。全身に力を入れることに疲れた僕は一瞬、力を緩めてしまったのです。

すると、背後から突然、誰かに手首を摑《つか》まれました。

手を握る力は老人とは思われないほど強く、僕の身体は一気におばあさんのいる方向に引きずられました。とっさに握られていないほうの手でベッドの柵を摑み、なんとか阻止しようとしました。それが、そのときにできた唯一の抵抗でした。

すると、おばあさんの手は僕から離れたのです。そして、あの台詞もやみ、人の気配もなくなりました。

僕は布団からゆっくり顔を出し、目を開けました。すると、普通の人間の大きさのおばあさんが、押し入れとは反対側のベランダに吸いこまれて消えていく姿が見えました。

そして、顔が完全に消えようとした瞬間、

「せっかく連れていってあげようと思ったのに……！」

怒ったような声が聞こえてきました。

おばあさんが僕をどこに連れていこうとしたのか、いまもわかりません。ただ、あれが幻ではなかった証拠に、翌朝、僕は右の手首に握られたような痣《あざ》を見つけたのです。

おばあさんはあれ以来、夢にも、現実世界にも現われていません。

それから数年後、父方の田舎に里帰りしたとき、僕は驚くべき写真を目にしてしまいました。

それは、僕が生まれて数カ月後に亡くなった祖母の写真です。

その祖母は、あのおばあさんにそっくりだったのです。

## 午前二時の昆虫採集——尾形頼子（仮名・四十一歳）　大分県

私は小学校の教員をしています。

もう二十年近く前の教員になりたてのころ、子供たちに見せたくて、同僚といっしょにクワガタを採りに山に出かけたことがありました。

目的地の山林についたのは、もう深夜の二時近くでした。何時間も車を運転していったので強行軍でしたが、子供たちの喜ぶ顔を思い浮かべると、夜の闇も苦になりません。

とはいっても、その闇の深さといったら、都会では想像もつかないものです。街灯もなく、山奥深く入っていくにしたがって、木々が鬱蒼《うっそう》と生い茂り、月明かりさえ届きません。手にした大型の懐中電灯も、足元をわずかに照らしてくれるにすぎませんでした。

しかし、この時間帯はクワガタを採るには絶好の時間なのです。

「ちょっと一枚、記念撮影」

私はインスタントカメラを取り出して、雑木林に入りはじめた同僚の姿を撮りました。

昆虫好きの同僚の頭のなかにはクワガタのことしかないらしく、少し手を挙げて笑っただけで、ガサガサと音をたてながら、どんどん雑木林のなかに分け入っていきます。

私はこんな山のなかでひとりにされてはたいへんと思い、なんとか遅れずについていこうとしました。慣れない山の斜面に、すぐに息が切れはじめます。そのうち、頭痛がしはじめました。いつもどんなに運動してもそんなことはないのですが、頭にはめられた輪っかを締めつけられているような痛みは、徐々にひどくなっていきます。

しばらく行くと、何かにつまずいて、私はその場に転倒してしまいました。

同僚に声をかけ、起きあがってみると、懐中電灯の光に雨で濡れたような泥だらけの布団が浮かび上がりました。ただの、捨てられた布団です。けれど、それを見たとたん、私は身体じゅうに説明のできないような寒けを感じました。手足にしびれも感じます。

「大丈夫？」

同僚が振り返って、懐中電灯を上下にユラユラと揺らして合図を送ってきました。

「大丈夫よ。すぐ行く」

私は懸命に同僚のあとにつづきました。

彼女の位置は、懐中電灯の動きですぐわかりますから、迷子になる心配はありません。ちょうど、五メートルほど先に光が見えています。

少しでも近づこうと足を速めたときでした。

「そんなにひっぱらないでよ」

彼女の声が、前のほうから聞こえてきました。

「えっ?」

初めは私の聞き間違いかと思いました。

けれども、彼女はもう一度おなじことをいったのです。

「そんなにひっぱらないでよ」

「…………?」

私には返す言葉がありませんでした。

だって、私は彼女から五メートルほど離れているのです。どんなに手を伸ばしても、届くはずもありません。もちろん、彼女と私のあいだには誰もいません。

そして、彼女にだって私の懐中電灯の明かりは見えるはずです。彼女はいったい、私と自分とのあいだに何を見たのでしょうか?

「もう、帰ろうよ……」

心細くなった私は、泣きそうになりながら、そういいました。

けれど、同僚はすでにクワガタ探しに夢中で、私の声など耳に入らないようでした。

それから一時間後、私たちは箱のなかに十四のクワガタを入れ、その暗い林から出てくることができました。

私は林のなかで起こった不思議なことの原因を確かめたい気持ちでいっぱいでしたが、口にすると、何かが追いかけてきそうな気がして、結局何もいわないまま、同僚の車で家まで送ってもらいました。

そして次の日、学校で、昨夜、私を送ってくれた同僚が追突事故を起こして入院してしまったことを知ったのです。

急いで病院に駆けつけると、彼女は首にギプスを巻いた姿で横たわっていました。

「あなたを降ろしたあと、いつもの走り慣れた道を帰ったんだけど、急に足が重くなって、いけないいけないと思うのに、どんどんアクセルを踏みこんでしまったのよ。あんな経験は初めて……」

気味悪そうに話してくれる彼女の顔を見ながら、私は「ひっぱらないでよ」といった、あの声を思い出していました。

そして数日後、私が林の入口のところで撮った写真を見て愕然としました。そこには、同僚の足にからみつくように手をまわした、男の不気味な姿が写っていたのです。

その写真は、誰にも見せないで、お清めをして焼いてしまいましたが、自己流だったので、いまでも一抹の不安が残っています。あれから、クワガタ採りには一度も行っていません。いま思い出しても、寒けがします。

## 怖すぎた、お通夜――三沢コウユウ（仮名・三十一歳）愛知県

一度でいいから、誰かに聞いてもらいたい話がありました。

面と向かって打ち明けると、常識を疑われそうで、胸のなかにしまってきた出来事なのですが、書き起こすことができるのは、いい機会だと思い、公表することにしました。

こんな厄《やく》は全部吐き出して、清算してしまいたいのです。


あれは、僕が高校三年生のときのことですから、もう十年以上も前になります。

クリスマスも終わり、師走を迎えてあわただしくなったころ、実技講師の宮崎先生が他界しました。僕にとっては特別な思い入れのある教師でした。

窯業《ようぎょう》実技に長《た》け、その歴史や伝統にも造詣の深い人で、僕が専攻していた窯業方面の追試などを受ける羽目になったときには、実習室で、夜遅くまでつきあってくれました。

「いまだけなんだぞ。教師に肩をもってもらえるのも」

そういって笑う先生はたのもしいかぎりで、いわば「教師の鑑《かがみ》」のような人柄でした。

死んだ？　冗談だろ。

それが、僕を含めて周囲の人たちの反応でした。

窯業実習の最中、高温で熱した釉薬《ゆうやく》が目に入り、入院して、失明の危険性もあるという話は聞かされていましたが、生死にかかわるようなことではなかったはずです。死因は急性肺炎という診断だったそうですが、納得いきませんでした。

僕は何人かの友人と連れだって、お通夜に参列しました。

多くの樹木に覆われた広い敷地に入っていくと、純和風の立派なご自宅がありました。

玄関でひそひそ話をしている弔問客に一礼すると、僕たちは奥の部屋に進みました。

線香の煙が鼻を刺したとき、僕は初めて、「死」を実感しました。

広間の奥に祭壇があり、宮崎先生はそこで安らかに横たわっているだろうということはわかったのですが、慣れない場面にどう振る舞っていいのかわからず、僕たちは見知らぬ人の所作に習って、線香を立て、手を合わせました。

俯《うつむ》きかげんに坐る人や小声で話す人たちのなかには知った顔もなく、僕たちはしばらく所在なげに坐っていました。

「もう、帰ろうか」

友人のひとりの言葉で、僕たちはいっせいに立ち上がって、背中を丸めながら、広間を出ようとしました。

そのときです。

祭壇のところで、驚くほど大きな泣き声が起こりました。反射的に目を向けると、小学生くらいの男の子が棺にしがみつくように泣きじゃくっています。

「おじいちゃん、おじいちゃん、おじいちゃん……」

よほどかわいがられた孫なのでしょう。そばで、父親らしい男の人が少年を制しようとしていましたが、胸がつまるような痛ましい光景でした。

僕の脳裏に懐かしい場面が甦ってきました。高校に入学したばかりのころです。男子ばかりの工業高校の荒々しさに違和感を感じていた僕は、なかなか馴染むことができず、ある日、登校するなり、陶器の焼成室に逃げこんで、不安といらだちから泣いていました。

悶々とした時間がすぎ、昼休みになると、焼成室に現われた宮崎先生に見つかってしまいました。

「青春はいまだけだぞ。ガクラン着られるのも、いまだけなんだぞ」

先生はそういって、僕を慰め、勇気づけてくれたのです。

「いまだけなんだぞ」

記憶の彼方に消えていた言葉を、はっきり思い出しました。普段口数も少なく、滅多に生徒たちとも雑談もしない先生が、あのとき、僕に懸命に青春を語ってくれたのでした。

宮崎先生の厳しくやさしい顔が鮮明に甦り、僕は涙をとめることができませんでした。

そのとき、あたりが急に騒々しくなり、ハッと我に返ると、祭壇で泣いていた少年が男性の手を振り切るように階段を駆け上がっていきました。

「おい、マサユキ！」

男性はやはり少年の父親のようでした。心配そうに階段の上を見上げています。

やり場のない少年の悲しみが痛いほど胸に突き刺さった僕は、なんとか少年を慰めてやることができないものかと、二階に行ってみることにしました。

人気漫画のポスターが貼られたドアが少しだけ開き、その隙間から豆電球ほどの淡い光が漏れています。少年はそこで泣いているに違いありません。なんと声をかけようか。躊躇していると……、部屋のなかから低い声が聞こえてきました。子供の声ではありません。

父親かと一瞬思ったのですが、彼は階段の下にいるはずです。

僕はできるだけ息を殺して、聞き耳を立ててみました。

「……キナサイ。マサユキ、ワカッタカラ、デテキナサイ……」

低い声が、小さな子供をあやしているようにやさしく響いてきます。

〈親戚の人でもいたのか〉

僕の出番はないと、ホッとしながらドアの前を離れようとしたとき、ふと考えました。

おかしくないか？

あの声は部屋のなかから聞こえてくる。少年も部屋のなかにいる。「デテキナサイ」というのは、おかしくないか。そういう台詞《せりふ》はドアを隔てていうものじゃないか。

稲妻のような悪寒が走りました。

「……ダケナンダゾ。オジイチャントイッショニイラレルノハ、イマダケナンダゾ……」

低く重くて、そして、懐かしい声……。

爪先から頬まで寒けが一気に駆け上がりました。間違いありません、宮崎先生の声です。いったい、この部屋のなかで何が起こっているのか……？

僕は引き寄せられるように、ドアノブに手をかけました。部屋のなかを確かめてみたい。その強い思いと恐怖のために心臓が痛いほど高鳴っています。

不必要なほどの強い力をこめて、僕は思いっきりドアを手前に引きました。とっさに大声をあげていたと思います。視界に飛びこんだ光景に僕は、激しい眩暈《めまい》を覚えました。

死者が纏《まと》う白い着物を着た男が、ひざまずいたまま、虚空に腕を伸ばしています。その後ろ姿は生きている人間のものではありませんでした。力なく伸びた手は何かを探るように、動いています。そして、全身はまるで無機質な機械のようにうごめいています。

ときおり小刻みに震えながら、ぼそぼそと低い声をもらしています。口ごもってはいるけれど、言葉は恐ろしくはっきりと理解できました。

「デテキナサイ……マサユキ……」

男の腕はいっそう激しく虚空をさまよいました。

失明している、男は目が見えないのだ。すると……、この後ろ姿は、やはり……。

入院中、先生は失明してしまったのか。肺炎をこじらせたのではなく、失明の絶望感から、自殺を……？

真実はわからないけれど、僕は、一瞬にして何かを理解したような気がしました。

突然、「わあ！」という叫び声とともに、何かが僕の足にしがみつきました。少年が転がるように部屋から飛び出してきて僕に体当たりしてきたのです。勢い余って、ふたりで、その場に転倒しながら、それでも、一刻も早く逃げようと立ち上がりかけたときです。

部屋のなかの男が上半身を不自然にねじりながら、こちらに身体を向けようとしました。

「ギャア！」

僕は悲鳴をあげてうずくまり、しがみついてくる少年の上に覆いかぶさっていました。

それからどのくらい経ったのか、わかりません。

救急車に乗せられた僕は、付き添っている友人に聞きました。

「……宮崎先生の幽霊……、見たろ？」

友人は青ざめた顔で答えました。

「……ていうか、遺体がね、宮崎先生の遺体が勝手に二階に行ってたっていうか……」

僕が少年の部屋の前で凍りついていたとき、階下では別の騒ぎがあったらしい。祭壇の棺のなかの遺体が消えたというのです。

そして、僕の悲鳴に驚いて二階に駆け上がってきた人たちが見たものは、廊下にうずくまる僕と少年の上に覆いかぶさった宮崎先生の遺体だったといいます……。

## 恐怖の夏合宿——原口幸枝（仮名・四十一歳）東京都

私が通っていた女子高は都内にありましたが、お寺の隣に建てられていたので、ずっと前からいわゆる「怖い話」はあったようです。でも、それはどこの学校にもつきものの噂話ばかりで、本当に信じている人はいなかったと思います。あの夏の日までは……。

その夏も、私が所属していたソフトボール部は、いつものように学校で夏合宿を行なうことになりました。

一日めの夜、教室の明かりを全部消して、みんなで「怖い話」をすることになりました。

作り話だと言い聞かせても、薄暗い教室のなかで聞く話は心臓をばくばくさせ、耳を塞ぎたくなるようなものばかりでした。

五人の人が話し終わって、つぎに私が話す番になったときです。

「スーッ」と何かが廊下を動きました。

「何？　あれ……！」

親友の千絵子の声に、みんながフッと顔を上げると、ちょうど、廊下の角を青白い光が残像を残して消えていくところでした。

「いやだあ！」

そこにいた部員たちは、みんないっせいに立ち上がって布団のなかに潜りこみました。

次の日は夕食のあと、全員が調理室に集まって、翌日の朝食の準備をしなければなりませんでした。寝泊まりに使っている教室から、みんなどんどん出ていって、ふと気がつくと、私ひとり取り残されています。

「待って！　私もすぐ行くから！」

廊下に向かって叫びながら、教室を飛び出しました。昨夜、変なものを見てしまったので、ひとりで校舎のなかを歩くのが怖くてたまりません。私は、転がるように廊下を走って、階段を駆け下りようとしました。ちょうど、階段の中ほどまで来たときです。

誰かが、私の左肩を思いっきり「ドン！」と押したのです。

三、四段、階段から落ちてしまった私は、部員の誰かが悪戯《いたずら》したのだと思って、「誰？危ないじゃん……」といいながら振り向いたのですが……誰もいません。

「ドン！」と肩を押されて、私が振り向くまでに二、三秒くらいしかなかったはずです。そのあいだに、階段を上まで駆け上がるなんて、無理です。

私は、ものすごい勢いで調理室に走りこむと、「誰かに押されたのに、誰もいない」と夢中でみんなに訴えました。でも、「うそだ〜」と笑って、誰も信じてくれないのです。けれど、嘘ではないことはすぐにわかってもらえました。

朝食の準備を終え、シャワー室に行ったとき、Tシャツを脱いだ私の背中を見て、千絵子が「……何、これ？」と怯えたような声を出しました。

私の左肩に、くっきりと赤黒い手形がついていたのでした。

こんなことがあっても合宿を中止しなかったのは、合宿自体が問題となって、学校側から今後の合宿をやめるといわれるのが心配だったからです。

その夜、みんななるべく布団をくっつけあって休むことにしました。

あまり話もせず、ひとりまたひとりと眠ってしまった気配がします。

「……千絵子」

隣に声をかけてみましたが、彼女ももう眠ってしまったようでした。

私は目が冴えてしまって、なかなか眠ることができず、ようやく瞼《まぶた》が重くなってきたのは、もう午前一時になろうとするころでした。

やっと、眠れると思って寝返りをうったときです。

窓の向こうに男の人らしい影が映りました。ガラス越しに、「スーッ」と動いているその影は、教室の中央あたりで立ち止まり、そっとなかを覗きこむように顔をこちらに向けました。

外の街灯が逆光になっていて顔は見えませんでしたが、私は、〈先生が見まわりに来たんだ……〉と思って、目を閉じました。

つぎの瞬間、心臓を摑《つか》まれたような恐怖が身体じゅうを走りました。

そこは二階の窓……。

人が外を通れるはずがありません。

「千絵子！　千絵子！」

私は隣の布団をばんばん叩きました。

驚いて起き上がった千絵子に、いま見たことを話すと、「先生のところに行こう」ということになって、ふたりはすぐに教室を出ました。先生は一階の部屋にいます。

手をつないで、暗い廊下を走り階段を駆け下りました。そして、先生が休んでいる部屋の前に立ったとたん、「……幸枝ちゃん……幸枝ちゃん」という声が背後からしたのです。男の人の声でした。

「キャーッ！」

悲鳴をあげて、先生の部屋に飛びこました。それから、私たちは一睡もしないで夜を明かし、朝になると、すぐに合宿を中止して帰宅したのでした。

家に帰り着くと、母が慌てた様子で話しはじめました。

「叔父さんがね、午前一時ごろ亡くなったって。たったいま、連絡があったのよ。すぐに行くから支度をしなさい」

母にいわれて気がつきました。

私の名前を呼んだあの声は、そういえば、私をとてもかわいがってくれた叔父さんの声でした。

お別れに来てくれたのでしょうか。

でも、それ以外の不思議な現象はどうして起きたのか、いまでもわかりません。

そして、その夏以来、学校で合宿をすることはなくなってしまいました。

# 車を洗う死者

——岡山順子（仮名・三十六歳）　栃木県

これは、もう九年前の話です。

当時、私は市営住宅に住んでいました。その団地の隣は一般の住宅で、よく家の前で黒い車を洗っているおじさんの姿を、公園で子供を遊ばせながら見ていました。

そんなある日、いつものように子供を連れて公園に出かけると、そのおじさんの家の前にたくさんの花輪があって、お葬式の準備をしているようでした。

〈あのおじさんの家、誰かが亡くなったんだ。お年寄りがいっしょに住んでいたのかな〉

そのときは、そのくらいにしか思いませんでした。

それから一カ月くらいすぎたでしょうか。

夏の夕方のことです。子供を自転車に乗せて、スーパーに買い物に行こうと公園の横を通っていると、あのおじさんが車を洗っていました。しばらくぶりに見るおじさんの姿でした。

季節は変わり、秋になりました。

その日は主人が残業で遅くなり、食事は外ですませるといっていましたので、おなじ団地に住む従姉妹《いとこ》の家に行っていっしょに食事をすることにしました。

いろいろな話をしているうちに、従姉妹が妙なことをいいはじめました。

最近、従姉妹が仕事に行っているところで、パート仲間のあいだに「死んだはずの人を見かけた」という噂が広まっているというのです。

「なんでも、車が大好きで、亡くなったあとも丁寧に車を洗っているのを、何人もの人が見てるって」

とっさに、あの黒い車とおじさんの姿が瞼《まぶた》に浮かびました。

「……その人って？」

「公園の横にある家の人よ」

詳しく聞いてみると、あのおじさんは五月の末に急な心臓発作に見舞われ、夜中に救急車で運ばれたものの、助からなかったというのです。五月の末といえば、私がお葬式の準備を見たころのことです。

あのとき、あの家で亡くなったのは、お年寄りではなく、おじさん本人だったのです。

ということは……、夏の夕方に私が見かけたのは、死んでしまった人……？

すぐには信じられませんでした。

従姉妹の家を出たのは、午後十時半すぎでした。眠ってしまった子供をおんぶして歩いていると、恐ろしさに足がすくみそうでした。おなじ団地内とはいえ、しばらく歩かなくてはなりません。そして、いやなことに気づきました。

そうです。あのおじさんの家の前を通らなければ、家に帰ることはできないのです。

と、そのとき……。

突然、水の流れる音が聞こえてきました。前方を見ると、こんな夜中に車を洗っている人影が目に飛びこんできました。

私は、その人影を見ないように、顔をそむけたまま、足早にその場所を通りすぎました。すると、水の音が、急に止まったのです。思いきって、振り返ってみました。

……そこには、車も人影もありませんでした。

幻覚……？

いいえ、道路は大量の水を流したあとのように濡れていたのです。

それからしばらくして、私も従姉妹も引っ越しをしましたから、その後、おじさんが現われているかどうかはわかりません。

たったひとつわかっているのは、おじさんは大事にしていた車にとても未練があったのだろうということです。もしかしたら、自分がすでにこの世の者ではないということに、気がついていないのかもしれません。

## 墓地での肝試し――西城雅美（仮名・三十二歳）神奈川県

私は子供のころから霊感が強いといわれてきました。初めは自分でも気がつかなかったのですが、両親や姉たちは私が人には見えないものを見たり、聞こえない音を聞いたりすることを、早くから知っていたようです。

でも、それは自分の身に何かが起こるということではなかったので、私自身はあまり気にもかけないでいました。

ところが、大学生になって、私は自分でも信じられないような恐ろしい目に遭うことになってしまったのです。おそらく、それも、私の霊感の強さが原因だと思われます。

ある夜のこと、友人たちと、「出る」と有名なT墓地に肝試しに行く話がまとまりました。私を含め女三人、男ふたりは車で深夜の墓地に行き、入口で降りると、なぜかワクワクした気分になりました。

五人で恐る恐る墓石のあいだを歩きまわりましたが、変わったことは何も起きません。

このとき、私は心のなかで、

〈なんだ、つまらない。いるなら出ておいで〉

と思ってしまったのです。

そのとたん、まわりの空気がゾワッと動いたような気がしました。

「何もないじゃん。帰ろうよ」

友達の声に、私たちは墓地の出口に向かいました。その途中、何体ものお地蔵さんが立っている場所がありました。その脇を通っていると、誰かがじいっとこちらを見つめているような気配に、私は思わず振り返りました。

すると、一体のお地蔵さんの目がギロッと動いたのです。

私には、はっきりそう見えました。けれど、そんなことをいっても誰も信じるわけがないと思い、そのまま、みんなのあとに従ったのです。

そして、車に乗ったのですが、エンジンがかかりません。

私は自分の一言が、この墓地の霊を怒らせてしまったのではないかと思いつき、心のなかで、一生懸命に謝りました。しばらく悪戦苦闘したあげく、やっとエンジンがかかり、車が動きはじめたときには、ほっと胸を撫《な》で下ろしました。

墓地に来たときと違って帰り道は、なぜかみんな無言でした。

どんどん走っていくと工場があり、駐車場に車が四台駐められていました。全部白っぽい車で右から二番めの車だけが不自然に斜めに駐められています。

「こんなところに工場なんてあったっけ……」

誰かが独り言のように呟きました。

さらに、道なりに走っていくと、また工場にぶつかりました。車が四台、右から二番めの車が斜めに駐められています。私たちの車は、どこも曲がらずにまっすぐ走ったはずなのに、おなじ場所に来てしまった……。みんな、その事実の前に、愕然としていました。

気を取り直して、ふたたび車を発進させたのですが、十五分も走ると、また工場が……。

狐につままれているような状態です。

車のなかで、声を出す者は誰もいませんでした。

けれど、そこでじっとしていることはできませんから、また発進させ、走りつづけたのです。すると、今度は道がどんどん細くなってきました。そして、その道は暗い林のなかにつながっているのです。まったく明かりのない林のなかで、

「もう、車を降りて逃げよう」

運転していた子が、ロックをはずしながらそういいました。

「ダメ！　降りちゃダメ！　このまま、バックして！」

私の切羽詰まったような声に、運転していた子はバックギアを入れると、細くて長い道をどこまでもバックしていき、やっと広い道に戻ることができました。

ほっとして走っていると、後ろから一台の車が近づいてきます。車はウインカーも出さないで、私たちの右側をゆっくり追い越していきます。そのとき、ふと横を見ると、その車の運転席には青い顔をした男の人がまっすぐ前を向いたまま、坐っていました。

その顔を見たとたん、私の背筋に冷たいものが流れました。そして、よく見ると、男の人はハンドルを握っていないのです。

「さっきの車……」

私が話を始めようとしたとき、また、後ろから車が近づいてきました。右側を追い越していきます。そして、運転席にはさっきとおなじ男の人が……。

それに気がついたのは、私と後部座席の右端に坐っていた女の子だけでした。ふたりで、たったいま見たことを話したのですが、ほかの三人は「そんな馬鹿な」といって、まったく信じてくれません。私たちが車のなかで騒いでいると、ふたたび、後方から車が近づいてきて……。

そして、全員が見てしまったのです。青白い顔の男を……。

その後、どこをどう走ったのかわかりません。私たちが家に帰り着いたとき、あたりはすっかり明るくなっていました。

# 第三章　心に染み入る怖い話

## 「私が建てた家に住むな！」――桜井梵想（仮名・七十歳）千葉県

「お世話になりました。Mと別れて実家に戻ります。すみません」

照美さんから電話があったのは、桜の花が咲きはじめた三月中旬の昼ごろのことでした。

大手N株式会社の総務部長で男前のMさん（五十三歳）は、前の年の九月に先妻の一周忌を終えて、十一月に小柄で美人の照美さん（四十二歳）と内輪の結婚式をすませ、跡取り息子のKくん（高校生）と三人で、落成したばかりの新居で幸せに暮らしていると思っていたのに……。

電話をもらった日の夕方、私は照美さんと喫茶店で待ち合わせをしました。

広い店内には客はひとりしかいなかったのですが、声をかけられるまで、私はそれが照美さんだと気がつきませんでした。それほどやつれ、面変《おもが》わりしていたのです。しかも、首にむち打ち症のときに当てるコルセットをしています。驚いている私に、彼女は張りのない低い声で話しはじめました。

「新婚旅行から帰った翌日の夜でした。ぐっすり眠っていた私の首筋に突然、激痛が走ったのです。飛び起きたのですが、痛みはすぐなくなりました。時計を見ると、午前二時でした。次の日も激痛がありました。それから、毎晩二時前後になると、首筋に激痛が走るのです。激痛は一晩に一回だけで、終わるとあとはなんともないのですが……」

照美さんがコルセットを巻いていたのは、事故ではなく、そんな不可解な事情からだったのでした。

痛みが襲うようになって七日めに、照美さんは病院に行ってレントゲンを撮ってもらいましたが、身体に異常はなく、頸椎《けいつい》にも変わったところはないといわれたそうです。

しかし、激痛はつづき、一カ月すぎたころから、今度は後頭部あたりに水を含ませた綿をペタッと貼りつけられたような重みを感じるようになってきました。

後頭部の痛みは日ごとに増してきたそうですが、管理職で、朝早く出ていったきり、深夜まで帰らないMさんにゆっくり相談する暇もなく、月日は経っていきました。ただ、救いは、ひとり息子のKくんが成績もよく、照美さんに優しく接してくれる子で、仲良く暮らすことができたということでした。

ところが……。

そのKくんが、去年の暮れにバイクの接触事故で亡くなってしまったのでした。

「Kくんの死を境にMの晩酌の量が増えて、暴れるようになりました。パトカーを呼んだこともあります。Kくんの四十九日も終わったことですし、あの家にひとりでいるのは、もういやなんです。Mとも別れる話をして、実家に戻ることにしました。ここに来る前に、もう一度病院で診てもらったんですが、医者はレントゲンを診て、首を傾げていました。四番めの椎骨の脊髄骨がかじられたように細くなっていて、骨に保護されている中枢神経が外部に触れるという原因不明の症状だと……」

照美さんの話をメモしながら聞いていた私は、「土地か家に何かある」と直感しました。翌日からMさんの家の近所や会社の人に話を聞いてまわりました。

Mさんの亡くなった奥さんはY生命保険会社の外交員で、営業成績は抜群だったそうです。勤めて二年めには関東ブロックでトップの成績を収め、亡くなる五年前には全国一位という凄腕でした。もっとも、これにはMさんの応援もあり、三千人近くいる社員を片っ端から加入させて、Mさんより数倍高い収入を得ていたらしいのです。

社宅住まいの長かった奥さんの夢は、庭つきのマイホームをもつことでした。貯蓄だけでは土地を買うのがやっとだったので、家や庭、家具も新しく購入するために、奥さんは「独身社員と寝た」と陰口をいわれるほど夜遅くまでがむしゃらに働いたのでした。

そして、五年めに念願の高級住宅地に庭つきの家を建てることになり、しかも、それを現金で支払ったのでした。

しかし、人の命はわからないものです。

すべてが自分の思いどおりに運んでいた矢先、待望の棟上げ式の現場に急ぐ途中の交差点で、信号無視のダンプに跳ねられて、奥さんはあっけなく死んでしまったのでした。顔面を路上にたたきつけられた彼女の顔半分は砕けて、まるで「お岩さん」のようだったと……。

この不幸のあと、しばらく中断していた新築工事は再開され、奥さんの死亡保険も当てて、十一月の中旬に素晴らしい庭園のある邸宅が落成したのでした。

私は照美さんの話と先妻の不幸を照らし合わせ、もしかしたら、という気持ちにはなりましたが、しかし、この科学の世にそんな祟《たた》りのような出来事があるはずはないと、自分自身にも言い聞かせていました。

けれども、私は実際にこの目で見てしまったのです。

あれは五月末の夜八時ごろのことでした。Mさんの家を訪ねてみました。玄関灯がついていたので、何度かブザーを押してみたのですが、まったく返答がありません。不在だと思って帰ろうとしたのですが……。

玄関から五、六歩離れたとき、玄関灯がフッと消えました。

いるのか？　そう思って、玄関を振り返ったとたん、首筋に冷水を浴びせかけられたようなショックに足がすくみました。

玄関の脇に植えこまれた五葉松の幹のそばに、なぜか、照美さんが立っています。そして、彼女の肩に顔が半分ない髪の長い女が抱きついて、後頭部にかみついていました。それは、植えこみの五月闇《さつきやみ》に映し出された幻灯写真のように、はっきり見えました。

耳に届いてくるのは、紛れもない骨をかみ砕く音……。

「カリカリ……カリカリ……」

そして、

「……これは、私の家……。他人は……住むな……！」

しゃがれた声が闇を震わせました。

## 午後三時になると……

――金子由佳（仮名・三十五歳）　埼玉県

浩一と暮らしたのは四畳半一間の小さなアパートでしたが、私はいつも一輪のバラを飾り、小さな幸せに溺れていました。

やがて沙希が生まれ、歩きはじめるようになると、そのかわいさに私たちは目を離すことができないほどでした。

その日も午後三時になって、私はいつものように沙希を公園に連れていきました。このかわいさをとどめておきたくて、カメラを手にして……。

「沙希ちゃん、そのまま、そのまま」

沙希をベンチに坐らせて、ファインダーを覗くと、無邪気な笑顔が私に向けられます。

そのときです！

「ママー！　ママー！」

レンズの向こうから男の子が泣き叫びながら、走ってきました。全身血だらけです。

私は驚きのあまり、カメラを落としてしまいました。その瞬間、男の子はスーッと消えていってしまったのです。

幻……？

でも、たしかに私は見ました。

ベンチに坐ったまま、「キャッキャッ」と笑う沙希を抱き上げると、私は振り返りもせず、公園をあとにしました。

それからというもの、午後三時になると、男の子がどこからともなく、現われるのです。

「ママー！　ママー！」

泣き叫ぶ声と血だらけの姿で……。

一度、浩一に話しましたが、私の目の前にいる男の子が浩一には見えないのでした。それからは、男の子について、私は誰にも何も話すことができなくなったのです。

そして、男の子の出現からしばらく経ったある日のこと、ひとりの女性が訪ねてきました、私と同年代のその人は、

「娘を返してください！」

いきなりそういったきり、号泣しました。

その人をなだめ、お茶を勧め、なんとか落ち着きを取り戻してもらって話を聞いてみると、女性は数カ月前に一歳になったばかりのひとり息子を交通事故で亡くしたのだといいます。聞けば、その子は沙希とおなじ七月十九日生まれ……。

いやな予感がありました。

事故にあった男の子は、病院に運ばれ、緊急手術を受けたそうですが、そのときわかったのは、すでに手遅れだということと、その両親からは生まれない血液型だということ……。

「あなたが育てている子が、私の子供なんです！」

何をいっているの？　私の沙希をどうするの？

頭が真っ白になり、何かの間違いだと怒りのおさまらない浩一が真実を確かめるために

調査してみると、沙希は、私と浩一のあいだには生まれないはずの血液型の子供だったことがわかったのです。

そんなことがわかったといって、何になるのでしょう。

しかし、私の手元から沙希は消えていきました。

そして、浩一も……。

あの亡霊は私の子……？　ママに会いに来てくれるの？

ごめんね。

あなたもママもひとりぼっち……。

だから、今日も午後三時になると、あの子はやってきます。血だらけだけど、顔も半分ないけれど、「ママー！　ママー！」と、嬉しそうに駆けてくるのです。

「おやつですよ」

だから、毎日午後三時には私はあの子を待っています。

我が子との遅すぎた出会いだから、いつまでもいっしょにいましょう。

今日のおやつはイチゴケーキ……。喜んでくれるかしら？

私は午後三時が待ち遠しくてたまらないのです。

# ウメばあさんの幽霊

——牧野正治(仮名・五十四歳)　愛知県

真冬の風が頬を刺し、真っ暗な闇が覆いかぶさるなかを、私はいまにも襲いかかってきそうな恐怖と闘いながら、家路を走りつづけていました。

高校受験を控えた私は、いまでいう塾に通っていました。塾といっても寺子屋のようなもので、神社の神主が近所の子供たちを集めて自宅で勉強を教えているだけでしたので、私はほとんど遊びの延長のような気分で通っていました。

その塾に行くには神社の参道を通らなければなりませんでした。木々が茂り、昼間でも薄暗い参道は、夜になるといっそう不気味さを増しました。いつもは誰か友達といっしょなのですが、その日はたまたま私ひとりになって、初めから心細さを感じていたのです。

参道のなかほどに来ると、ひときわ大きな木が道を塞ぐように立っています。走ってそこを通り抜けようとすると、木の陰に誰かがいます。曲がった腰に両手をおいてかがみこんだまま、途方に暮れているように見えます。おばあさんでした。

「どうしたんですか?」

私が聞くと、

「おミツさんのところは、どこですか？」

といいます。

おミツというのは、私の祖母です。今日は一日じゅう、家にいるはずだと思い、

「僕んちですから、いっしょに……。ご案内します」

といって、先に立って歩きはじめました。

こんな暗い夜に同行者がいるだけでも安心して、おばあさんの歩調に合わせるように、私はできるだけゆっくり歩きました。後ろからは、おばあさんの下駄の音が聞こえてきます。

「カラ……カラ……」

間違いなくついてきています。

しばらく行くと、

「まだ遠いですか？」

風にかき消されそうな声がしました。

老人の足には遠く感じられるのかもしれない、そう思って振り返り、

「すぐですから」

と二百メートルほど離れた、かすかに見える外灯を指さしました。

そのときも、おばあさんは曲がった腰に両手を置き、大きくかがんでいました。俯《うつむ》いたまま歩くことはたいへんだろうと思い、

「おばあさんは、どこの人？」

と話しかけながら、歩く速さをできるだけ、ゆるめました。

「八軒屋のウメといいます」

と、たしかにそう聞こえました。

八軒屋というのは、神社の裏にかたまって建っている部落のことで、昔は、本当に八軒しか家がなかったそうです。

真冬の夜、おばあさんがひとりで歩くのは、ちょっと危険だと思いながらも、いつしか神社を抜け、たんぼ道にさしかかりました、もう少しで我が家です。

「あの外灯の家ですから、僕が先に行って家の者にいっておきます」

私は家に駆けこむと、

「おばあちゃん、お客さんだよ」

と奥に声をかけました。

しかし、奥から出てきたのは母だけでした。洗い物でもしていたのか、エプロンで手を拭きながら、

「誰？こんな夜更けに」

「八軒屋のウメさんていう人」

僕が答えると、母は怪訝《けげん》そうに、

「馬鹿だね。ウメさんは、さっき亡くなられたんだよ」

といいます。

「そんなことないよ。ウメさんといっしょだったんだから」

「だって、おばあちゃんは、そのウメさんのお通夜にお父さんと出かけたんだよ。間違いないよ」

と不思議そうにいいました。

私は何がなんだかわからないまま、玄関を開けて外を覗いてみました。そこには冷たい風が吹いているだけで、誰もいません。迷うはずのない一本道のどこにもウメさんの姿はありませんでした。

やがて、帰ってきて、私の話を聞いたおばあちゃんは、

「最後に私に会いに来てくれたんだよ。ありがたいことだよ」

といって、そっと手を合わせていました。

## 「あなたですか？　明日、亡くなる方は……」

——伊藤まさお（仮名・七十歳）　埼玉県

いまから十年前の六十歳のとき、私は脳溢血《のういっけつ》で倒れました。

七月に入った蒸し暑い夜でした。妻が夕食の支度を整えて、私は夕刊を読んでいたのですが、そのとき、ズズ……と身体が崩れるように倒れこみ、意識がなくなったのです。

私はビュービューと風の吹く、山の頂上にいました。とにかく寒くて寒くて歯がガチガチと音をたてて鳴ります。このままではどうにかなってしまう、どこかに身を寄せるところはないかとあたりを見渡してみました。

周囲には不思議なことに植物がまったくなく、茫漠《ぼうばく》とした禿《は》げ山でした。私は必死になって、岩陰か洞窟を探しました。

そして、ある場所に来たとき、人がやっとふたり入れるくらいの穴がぽっかりあいているのを見つけたのです。

私はためらいもせず、そこに入っていきました。薄暗い穴のなかはほんのりと暖かく、天井から滴《しずく》が滴《したた》り落ちています。目が慣れてくるにつれ、そこに誰かが立っていることに気がつきました。

そっと近寄ってみると、それは土で固められた精巧な仏像でした。もっと注意深くまわりを観察してみると、あちこちにいろいろな顔をした仏様が私を迎え入れるかのように、ひっそりと立っています。

私はしだいに心安らかになり、およそ恐怖を感じることもなく、何かに引き寄せられるかのように奥のほうに向かいました。

すると、急に目の前がひらけ、二十畳くらいの広間のようなところに出たのです。そこには七、八体の仏像が、まるで生きているかのように動いていました。

仏像の前には土で固めた高いベッドのようなものがあり、誰かが横たわっています。私が入っていくと、みんなで抱き起こすように、それを坐らせました。やがて、それが仏様の姿だと気がついたときには、私はその前にいました。頭の上に高く髪を巻き上げて髷《まげ》のようにしたものを載せた女の仏様です。品のいいお顔がじっと私を見つめ、低く透き通るやさしい声が、

「あなたですか? 明日、亡くなる方は……」

と聞きます。

私は面喰らってモジモジしながらも、自分でも驚くくらいはっきりと答えました。

「いいえ、私は死にません」

二見
文庫

FUTAMI BUNKO
http://www.futami.co.jp/

仏様はしばらくのあいだ黙って私を見つめたあと、頷きました。

「もし、明日、死ななければ、ずっと長生きできますか？」

私が思いきってそう尋ねてみると、仏様は凛《りん》とした声で、

「ええ、長生きします」

と、答えてくれました。

そして、周囲にいたものがかしずくように仏様をそっと元のように寝かせると、それは、石像と化してしまいました。ほかの仏像もその周囲を守るかのように四隅に立ち、何事もなかったかのように無表情にしています。

私が戦慄を覚えたのは、広場の向こうに細長い廊下があって、さっきから死装束を着た人たちがベルトコンベアに乗せられているかのように、ゆっくりと流れていく様《さま》でした。俯《うつむ》いている人、顔をこちらに向けている人、しょんぼりしている人、さまざまですが、その列はとぎれることがありません。物音ひとつなくつづく行列は不気味でした。

私はその列のなかに見知った顔を見つけました。近所の花屋のおばあちゃんです。おばあちゃんのほうも私に気がついたようで、こちらを向いて深々と頭を下げました。

あのおばあちゃんがなぜここに？　私は急に胸が苦しくなりました。

そのとき、誰かが遠くから私を呼んでいる声が聞こえました。

「あなた！　あなた！」

妻でした。

私はその声に目が覚めたのです。真っ白い壁と天井……。病院で私は丸二日間も眠りつづけていたのだといいます。

一カ月の入院生活を送ったあと、私は無事に退院することができました。家に帰ったあと、気になっていたことを妻に聞いてみました。あの花屋のおばあちゃんのことです。

「あなたが入院した日に、交通事故で亡くなったのよ」

頭の芯がツーンとして冷水を浴びたような気がしました。

やはり……あれは夢なんかではありませんでした。あの洞窟で見たことは現実だったのです。

「長生きをするといってくださった仏様に、お礼をいわないとね……」

と妻はいいましたが、仏様の名前はわかりませんでした。

しかし、その年の暮れ、私はひとりで立ち寄った仏壇屋で、あのときの仏様とおなじ顔をした木彫りの像に巡り会ったのです。

店主に聞いてみると、「大日如来《だいにちにょらい》様です」という答えでした。

私は店主に尋ねられるままに、洞窟で見た一部始終を話して聞かせました。

店主は深く頷いて、「それは、あなたの守り本尊です」といいました。

そしてもうひとつ驚くことに、私の生年月日が、大日如来の年に当たっているということでした。

「大日如来様に長生きしますとお墨つきをいただけたあなたは、本当に幸せ者です」

自分のことのようによろこんでくれる店主に木彫りの仏様を包んでもらうと、私は近くのお寺に行き、三日間お経をあげていただいて「魂」を入れ、自宅の仏間にまつりました。

それ以来、水と線香をあげ、拝むことが毎日の日課となりました。

科学の力では割りきることのできない世界があることを身をもって知らされた私は、「夢」では片づけられない「何か」を信じるようになりました。

## 夏の夜の不思議な散歩道

――奥山健（仮名・四十四歳）　大阪府

毎年、この季節になると、思い出すことがあります。いまは離婚してしまった妻の祐子と螢を見に行った夏の初めの出来事……。十年経ったいまでも忘れることはできません。

当時、僕たちは大阪の南、K市の駅の近くにある川のほとりのマンションに住んでいました。仕事の都合でなかなか休みの日が合わない僕たちは、よく夜の散歩に出かけました。夜景を見たり、夜空の星を見たりするだけで、仕事の疲れを忘れることができました。

その日の夜の散歩も、僕たちにとって特別な出来事になるはずではありませんでした。

「川の横の道を山のほうに少し行くと蛍が飛んでるって、お隣さんが教えてくれたわよ」

朝、出がけに祐子がそんなことをいったので、夕食が終わったら、ふたりで見に行こうと約束しました。が、僕のほうに急な残業が入ってしまい、帰宅したのがずいぶん遅く、どうしようかと迷ったのですが、蛍をどうしても見たかったので、午後十一時ごろからふたりで連れだって出かけました。

家の前を流れる川に沿ってしばらく歩くと、外灯がポツンポツンと立つだけの林のなかに入っていきます。道幅はどんどん狭くなってきて、ふたりが並んで歩くのが精いっぱいというところまで来ると、振り返っても、木々に遮られて、住宅からこぼれてくる明かりさえ見えなくなりました。

右手に低いガードレールがあって、下のほうから川のせせらぎの音が聞こえてきます。

「近くにこんないい散歩道があったなんて、どうして気がつけへんかったのかしら」

祐子の独り言を聞きながら、僕たちは初めての道を並んで歩きました。夏のデートコースはまさしく貸し切り状態で、なんとも気持ちのいいものでした。

しばらく歩いていると、

「あ、こんなところに南天が植わってるわ」

祐子が立ち止まりました。

外灯の明かりに白い実をつけた植物が丁寧に並んで植えられていました。

「なんてん？　箸にしたり、喉飴《のどあめ》にするやつか？」

「うん。昔の人はなん（難）をてん（転）じるって、魔除けに使ったんやて」

「ふーん、こんなところに魔除けねえ……」

「白南天に、赤南天……」

他愛なく話しながら歩きはじめると、うっすらと霧がかかり、あたりはすっかり山のなかという景色に変わりました。ふと振り返ってみましたが、さっきの南天の木ももう見えません。いくらも歩いていないというのに……。

祐子のいった「魔除け」という言葉が頭のなかに残っていて、七月だというのに少し寒くなってきました。南天の話をしてから、祐子も黙ったままです。

いつもの散歩と何かが違う……。

そう思って足を止めると、目の前に古びた短い鉄の橋が見えました。

なんだか、これ以上進む気がしなくなって「帰ろうか」と声をかけると、祐子もおなじことを考えていたらしく、頷きました。

　そのときです。

　鉄の橋を渡りきった先の左カーブの向こうから、背の高い爺さんがひょろりと大きな犬を連れて現われました。

　たしかボルゾイ犬という種類だったでしょうか。

　ふたりきりで心細くなっているところに、やっと現われた人だというのに、僕はなぜか身体が小刻みに震えるのを抑えることができませんでした。

「帰ろう」

　もう一度そういって引き返そうとした瞬間、爺さんの頭の上の外灯がひとつ消えました。そして、その手前の外灯も消えると、またつぎの外灯が……。

　耐えられなくなった僕たちは、もと来た道に向かって走りはじめました。

　走って逃げる僕たちは二度と後ろを振り返りませんでしたが、黒い塊と「ハッハッ」という犬の息づかいが、僕たちを追うように聞こえ、生きた心地もしませんでした。

　とにかく人通りのある駅まで走り、時計を見ると、午後十一時四十五分。家から出て、まだ四十五分しか経っていません。少なくとも、その倍は歩いたと思うのですが……。

　このまま家に帰ると「何か」をいっしょに連れ帰るようないやな気分で、僕たちは深夜営業のファミリーレストランでしばらく時間を費やしました。

「なんやったんやろ？　恐怖映画みたいに外灯消えたよなあ。緑色の霧も出てたし……」

僕が溜息まじりにいうと、祐子が疲れたような顔を上げました。

「えっ？　霧なんて出てなかったよ。三日月がきれいに見えてたやない？」

といいます。

「今日は月は出てないやろ？　それにしても、あの爺さんもあんなとこで僕らとばったり出会って、びっくりしたやろな」

「爺さん？　何、それ？」

「ああ、犬の散歩してた……」

「そんな人、いなかった……。あの先に犬なんて……いなかった！」

話はまったくかみ合いませんでした。祐子はたしかに恐れていました。僕とおなじように……。それなのに、あの爺さんと犬を見たのは僕だけだったのでしょうか。そもそも、あの爺さんと犬は本当にあそこにいたのでしょうか。

それ以上考えることもできず、もちろん結論も出ず、僕たちは帰宅しました。

もちろん、あの散歩コースには二度と近づきませんでした。

次の日から、僕たちは知人たちにこの話をし、何度も話しているうちに恐怖感は薄れ、ふたりの「持ちネタ怪談」のようになっていきました。

翌年に僕の友人がふたりで遊びに来てくれたときも、例の話をしたのです。

「じゃあ、俺たちで見てきてやるよ。時間もおなじくらいやし。いっしょに行くか?」

「行くわけないやろ!」

尻込みする僕を笑いものにしながら、ふたりは出かけていきましたが、一時間半ほどすると、涼しい顔をして戻ってきました。

「南天の植わってる先まで見てきてくれたの?」

祐子が恐る恐る聞きました。

「ああ、ずっと先まで行ってきた。その先まで、蛍、たくさんおったでえ」

「カーブの先のほうか?」

僕も念を押すように尋ねました。

「カーブ? カーブらしい曲がり角なんてなかったぞ」

「えっ? そしたら、鉄の橋は? 鉄の橋を渡ったんか?」

「鉄の橋? そんなもん、どこにもなかったよ」

ふたりの話に、僕たちは黙って顔を見合わせるしかありませんでした。

あの日、僕たちはどこを歩いていたのでしょうか?

## 闇に浮かぶ幻の白衣僧――中田良和（仮名・九十歳）兵庫県

遥か昔の出来事ですが、私には昨日のことのように、いまも思い出す不思議な体験があります。

北支（中国）に従軍し、無事に除隊して帰国した私は、近所の娘と結婚しました。

そのころ、私の父は軍需工場の指定業者として、飛行機をつくるアルミの溶解炉の築炉工事を請け負っていました。ある時、私は父の命令で、兵庫県姫路市の網干《あぼし》にある工場の進行状況を調査するという目的で出張することになりました。戦時中のことですので、新婚旅行もできない私たち夫婦のことを考えて、父は妻が同行することを許してくれました。

現場での仕事をすませた私は、会社が指定してくれた宿舎をキャンセルし、網干駅から電車に乗りました。行き先も決めない小旅行ですが、私は若い妻に知らない町や風景を見せてやりたいと思ったのです。

ふたりで降り立ったのは、明石《あかし》の駅でした。

ただ、若い妻を喜ばせようと計画したことなのですが、それが間違いのもとだったようです。灯火管制がしかれていたころの話なので、駅のなかも薄暗く、売店も閉鎖されています。私は駅前に並んでいる旅館を次々に打診してみましたが、軍需工場指定の旅館ばかりで、旅行者の宿泊はにべもなく拒否されるありさまでした。

しかたなく、ふたたび電車に乗り、須磨《すま》に向かったのですが、そこも明石とおなじ状況でした。途方に暮れていると、最後に立ち寄った旅館の女将《おかみ》さんが気の毒そうに断ったあと、こんなことをいいました。

「この道を北にまっすぐ行かれますと、小高い丘につづく道になりますから、そこをどこまでもまっすぐ行かれますと、いちばん高いところに旅館がございます。そこは指定を受けていませんので、泊めてくれはると思います。そちらは、とてもはんなりしたいいお宿ですので、お若いご夫婦にも気に入ってもらえると思います。難儀されたようですけど、もう少々がんばりなはれ。ほな、気いつけて」

時計を見ると、もう午後八時半を過ぎています。

須磨らしい松の老樹の点在する道を教えられたように歩いていくと、まもなく旅館に通じるという道にさしかかりました。坂道は三メートルくらいの幅がありましたが、石ころ混じりの砂道で、月も出ていない夜の暗さのなかで、歩きづらいものでした。

妻は何もいいませんでしたが、さぞかし不安だったのでしょう。片手で私の手を握り、もう片方の腕を私の腕のなかに入れて黙々と歩いています。

十分以上歩いたころ、山のほうから降りてくる、ぼんやりとした人影に気がつきました。

〈あの人に旅館のことを確かめてみよう〉

私は少しばかり救われた気持ちで、声をかけようとしました。

初めてその人を見たとき、夏だから白い衣類を身につけているのだと思ったのですが、音もなく近づいてきたその輪郭は、紛れもない白衣の僧侶でした。いま時分どこに何をしに行くのかと訝《いぶか》ってはみても、まさか、妖怪の類《たぐい》ではないと否定していました。

そのときは今夜の宿のことに神経の大半を使っていましたので、恐怖など、ほとんど感じていませんでした。

ところが、ふと気がついたのです。私たちの目の前に来るまで、僧侶の足音がまったくしなかったことに……。そして、不思議なことに、姿そのものは暗闇に浮かびあがるほどにはっきりしているのに、肝心の僧の顔かたちは皆目わからないのです。

しかし、旅館のことで頭がいっぱいだった私は、僧侶が脇をすり抜けようとしたその瞬間に「今晩は」と自分でも驚くような大きな声を出していました。

……何の返答もありません。

そのとたん、私は全身に冷水を浴びせられたような悪寒を覚えました。そして、反射的に振り向いて、僧侶の後ろ姿を目で追いました。

ところが……、そこには誰もいなかったのです。

足音が聞こえなかったとはいえ、一瞬にして姿が消えてしまうことがあるでしょうか。

私の冷たい電流が妻にも伝わったのか、彼女は私の手をいっそう強く握ってきました。

私は、黙って呼吸を整えると、あえて歩調をゆるめながら、ゆっくり山道を登りはじめました。いま見たことを口にすると、ふたりの恐怖が増幅すると思ったのです。

無言の恐怖から解放されたのが、どのくらいの時間のあとか、わかりません。ようやく旅館の明かりを見つけ、空き部屋のあることを知らされたときは、重い疲れが身体を包みました。純和風の部屋で、私たちはへなへなと坐りこんでしまいました。

翌朝、元気を取り戻した私は、宿の女将に夕べの出来事の一部始終を話しました。

五十歳前後かと思われる女将は、頷きながら聞いていました。

「怖い目に遭われましたなあ。このへん一帯は山なので、いまでも狐やタヌキが悪さをするという話は聞きます。須磨はご存知のように、源平合戦の古戦場だったので、斬り殺された武士や自害した人たちの霊が、未だに現われるという因縁話もございます。昨夜のことも、ひょっとしたらと思われますが、亡霊が武士や女官ではなく、お坊さんという話は一度も聞いたことがありまへん。平家一族のなかには、僧侶もいましたから、いっしょに最期を遂げたとすれば考えられることです。けど、こんな時代に、そんなけったいなことが起きるなんて信じられまへん。ほんまに怖いお話ですなあ」

私たちは、女将に話したことで、幾分、気持ちを楽にすることができ、礼を述べて宿をあとにしました。快晴の山の上からは青々とした田や畑、そして須磨の海岸まで一望でき、昨夜のことが夢のようでした。

そして、しばらく山道を下ったとき、「このあたりじゃなかったかしら」、妻がそういって、足を止めました。

明るい陽の光の下で、まるで別の世界にいるかのように、あたりを見渡していた私は、思わず「あっ……」と声をあげました。

私の足元から開けた土地に、累々《るいるい》と墓石が立ち並び、あちこちにおびただしい卒塔婆《そとうば》が散らばっていたのです。

その瞬間、私は、昨夜の白衣の僧侶がすぐそばに立っているような戦慄《せんりつ》を覚えました。

この場所は、現世と死界をつなぐ広大な墓地だったのです。

私たちは、墓地に向かって合掌し、大きく深呼吸すると、憑《つ》き物を振り払うように、山道を一気に駆け下りていきました。

# 開かずの二階

――高木敏也（仮名・八十歳）　北海道

私が少年のころ、函館市のM町からS町に引っ越した直後の話です。

両親はある小学校の前で文具店を営んでいましたが、収入が乏しく、繁華街への出店を考えていた折り、安い物件を見つけました。場所は函館の一等地にあって、居抜きの店舗兼住宅になっていました。

その家を借りるにあたって、奇妙な条件がひとつだけつきました。

「二階は使用不可」だというのです。

父は、その家を斡旋した業者に、

「曰《いわ》く因縁つきじゃないでしょうね。もしかしたら、出るとか……」

と聞いてみましたが、

「いやなら、やめてもかまいませんよ。妙なことはいいっこなしにしましょうや」

という返事でした。

結局、場所柄、居抜き、格安という魅力に負けて、家族で引っ越すことになりました。

店舗の奥は八畳の居間だけで、居間の壁には五寸釘で遮断された引き戸がありました。

二階へつづく階段の入口らしいのです。

一階の狭い空間を見ながら、家族五人で二階を使うことができればどんなにいいかと子供心に思った記憶があります。

ある夜のことです。みんなが寝静まったころ、二階から物音が聞こえました。誰かが歩きまわっている足音のようなそれは、やがて階段を「トントン」と降りはじめました。

「……これだから、格安物件はいやなんだ」

父はそういいながら、線香をあげ、私にはわからないお経を唱えはじめました。

母は恐怖のあまり叫び、兄は譫言《うわごと》をいい、幼い弟はわけもなく泣くというひどい一晩を過ごした翌朝、両親は弟を連れて、家の斡旋業者に談判にいきました。

残された私と兄は、昨夜の二階からの物音が気になってしかたがありません。

「調べてみるか」

という兄の言葉に、いつも兄には従順だった私は素直に従いました。

兄は遮断された二階への入口を開放するために、五寸釘を引き抜きました。「開かずの二階」が開放されたのです。

ふたりは二階に通じる急な階段を上りはじめました。階段の途中の明かり取りの小窓から、陽光が斜めに差しこみ、埃の浮遊する澱《よど》んだ空気がゆっくり動いていました。妙な胸騒ぎがします。

兄も何かを感じたのか、

「引き返そうか」

と気弱なことをいいます。

その兄に向かって私は断言しました。

「僕はひとりでも行くよ」

その言葉に押されるように、ふたたび兄も階段を上りはじめ、ついに八畳の和室に入っていきました。流れてきた風に沈滞する空気が埃を舞いあげ、いままでに嗅いだことのないような異臭が鼻をつきました。

そのとき、私たちは見てしまったのです。

鴨居《かもい》にダラリとかかっている縄とその真下に供えられていたらしい腐食した献花の残骸を……。

そこは明らかに、首吊り現場の跡でした。

「首吊りだ!」

ふたりは同時に声をあげ、その場から逃げ出そうとしました。

そのときです。

奥の部屋から足音がしたかと思うと、ふたりの前に、赤ん坊を抱いて髪を振り乱した女の姿が現われたのです。女はゆっくり片手をあげると、「おいで、おいで」と私たちを招きました。

そこからどうやって逃げ出したのか、気がつくと、私たちは一階にいて、二階に通じる引き戸に五寸釘を打ちこんでいました。

やがて帰ってきた父は、ただならぬ私たちの様子を見て、「二階で見たな!」と問いただし、頷く私たちに「心配するな。話はつけてきたから」とだけいいました。

その日のうちに、私たち家族は新しい家に引っ越しました。

移転先もおなじ業者の斡旋でしたが、居抜きの小間物屋の店舗で、そこでは二度と異変は起こりませんでした。

二階で見たものが怖かったことはいうまでもありませんが、のちに考えてみて、父も斡旋業者も異界の存在やこの世の者ではないものの出現を当然のこととして談判したことが、もっと怖いことのように思われました。

これは昭和十七年七月、函館でお盆の行なわれる時期に遭遇した出来事です。私は七歳の少年でした。

## 夜ごと近づく軍靴の響き――佐藤紀子(仮名・五十八歳)　東京都

いまから十五年ほど前、私は、現在住んでいるところから歩いて五分くらいのところにあるアパートに住んでいました。

それまでは近県の地方都市に住んでいたのですが、ある事情があって東京に職場が替わり、急遽、住まいを探す必要があったのです。小学校六年生の息子とふたり暮らしですので、そんなに広い住居は必要ありませんが、限られた時間内に適当なところを探すというのは容易ではありませんでした。

とにかく急いでいたものですから、「一週間後に空く部屋ならある。ただ、現在は住んでいる人がいるので、実際には見られないが……」という2DKのアパートの見取り図を見ただけで決めてしまいました。

ですから、十日後の引っ越し当日になって初めてアパートの内部を見たときには、「しまった!」という思いがありました。そのアパートは駐車場の隣にあって、それより一段低い場所に建てられていたのです。私たちの部屋は一階部分でしたから、半地下状態で、日当たりも悪く、じめじめとして湿った陰気な雰囲気でした。

しかし、ぜいたくをいっていられる状況ではありませんでしたから、ともかくそこでの生活をスタートさせたのでした。

そして、一年ほどすぎ、やっと仕事にも慣れて、忙しい生活のなかにも気持ちの余裕をもつことができるようになったころ、不思議なことが起こりはじめたのです。

私は毎日午前〇時ごろには寝るようにしていたのですが、横になって少しすると、「ザッザッザッザッ……」という規則正しい音が聞こえるようになったのです。

「ザッザッザッザッ……」

それは、私が枕に頭をつけると聞こえました。

なんだろうと思って、起き上がると、聞こえないのです。

初めは耳鳴りでもしているかと、自分の身体の変調を心配したのですが、枕以外からは聞こえてきませんでした。ほかの場所に横になっても何も聞こえないのです。

「ザッザッザッザッ……」

その音は、私の睡眠を妨げました。

夜毎《よごと》、耳を傾けていた私は、やがてそれが大勢の人の歩く足音だと気づきました。きわめて規則正しく、しかも、布製の靴ではなく、革靴で地面を踏みしめているような音です。

「……軍靴《ぐんか》？」

ふと思い当たって、そう疑いながら枕に耳をつけてみると、たしかにそれは軍隊が行進しているような音に聞こえました。一糸乱れぬ歩調で、人の群れがどんどんこちらに近づいてきます。

実際、その音が聞こえはじめてから、だんだん近づいてくるように、音は大きくなってくるのでした。それにともなって、私は徐々に肩こりや頭痛を感じるようになりました。

そしてある夜、ひとつの変化があったのです。

「ザッザッザッ……」

いつものように、気味の悪い足音がしばらくつづいたかと思うと、枕元のガラス窓が「カタカタ」と揺すぶられるように鳴りました。そして、

「ううう……」

という、人の呻《うめ》き声がはっきりと聞こえたのです。

その夜は、枕に頭をつけることができず、まんじりともせず朝を迎えました。

次の日、寝不足の重い身体を引きずるようにして仕事を終えた私は、その帰り道、アパートの前の道路をはさんだ向かい側にある神社に、誘われるように入っていきました。そこに神社があることは知っていましたが、なかに入るのは初めてでした。

疲れているのに、どうしてそんなところに行ってみる気になったのか、いまでもわから

ないのですが、私は引きこまれるように小さな社と石碑のある奥まったところまで歩いていました。その石碑にも、特に興味があったわけではありません。でもなぜか、読まなくてはと思い、目は文字を追っていました。

その石碑は第二次世界大戦のとき、その地域から召集され、戦死してしまった人たちの慰霊碑でした。私は、その瞬間、すべてを理解しました。

私を眠らせないあの音はやはり、大勢の人が行進している軍靴の音だったのです。

私はその足で不動産屋に行き、引っ越し先を探しました。

やがて、新しいアパートに移ってからは何事も起こらず、夜ももちろんぐっすり眠ることができるようになりましたが、そんなある日、息子がポツリといいました。

「前のアパート、足音がうるさかったよね……」

## 雪の寺に忍び寄る下駄の音――伊藤正義(仮名・六十五歳) 北海道

北海道の田舎の人里はなれた寺で育った私は、特に霊感の強い人間ではありませんが、どうにも説明のできない現象に遭遇したことはあります。

それは、私が小学校六年生のときのことでした。

一月の中ごろ、北海道は冬の真っ只中でした。降り積もった雪で、木々は白と黒の線描のような枝を張り、一面淡彩画の世界でした。夜の八時ごろには、どこの家も戸締まりをして、ストーブを囲んで一家団欒《だんらん》のひとときをすごしていました。我が家もおなじでした。

その夜は雪も降りやみ、月も風もなく、白と黒の物影が雪明かりにかすかに見える、音もない静けさだけがありました。

私は、高校一年と中学一年の兄、そして小学校二年生の弟といっしょに、いつものように電灯の下でストーブを囲んでいました、母は隣の部屋にいて、父は外出していました。

音さえ凍りつくような外気を押し分けるようにして、蒸気機関車の「ボーッ」という汽笛が遥か遠くから聞こえてきます。

重く鈍い音が消えて、もとの静寂が戻ってきたときです。

「たすけてくださーい……！」

静けさの隙間から、か細い、女の人の叫び声が聞こえてきました。叫び声というと、少し違うかもしれません。それはそんな緊迫感はない、無表情な声でした。

「女の人が叫んでるぞ」

いちばん上の兄が、最初にいいました。

隣の部屋の母も、

「どこで呼んでいるんだろうね」

と、耳を澄ませています。

そうなのです。その声は、たしかにみんなの耳に聞こえたのですが、どこで叫んでいるのか、近いのか遠いのか、方角さえはっきりしませんでした。

不安そうな空気が漂ったとき、また聞こえてきました。

「たすけてくださーい……」

みんな顔を見合わせました。

「一本杉の線路のほうから聞こえたな」

兄がふたたび口を開きました。

一本杉というのは、寺の前の、馬車がやっと交差できるほどの町道をまっすぐ行った畑のなかにあります。以前に首吊りがあった因縁の木でした。その一本杉を百五十メートルほど行くと、函館本線の線路が走っていました。そこには踏切があって、踏切の手前を左に百三十メートルほど行くと、墓地と「焼き場」といわれる火葬小屋が隣接しています。

その線路のほうから声はしたというのですが、つぎには違う方角から聞こえてきました。

十一歳の兄と私は、助けに行こうと腰を浮かしたのですが、母に、

「やめなさい。恋人どうしの喧嘩よ、きっと」

そう、とめられました。

けれども、自分のいったことにいちばん納得できない顔をしていたのは母でした。

それきり、声はしなくなりました。ところが、今度は声のかわりに下駄《げた》の音が聞こえてきたのです。踏切のほうから、雪下駄の音が近づいてくるのです。雪国の人には聞き慣れた音ですが、雪下駄で雪の上を歩くと、「キュウッキュウッ」という音がし、これが結構響く音なのです。

「キュウッキュウッ……」

下駄の音は、我が家に近づいてきます。

静かな夜だから音が響くのだと、初めは思っていたのですが、いくら静かでも百メートルも離れたところからの音が、部屋のなかにまで聞こえてくるはずがありません。

何かが、妙でした。

「キュウッキュウッ……」

だんだん寺に近づいてきます。

下駄の音は、寺の前まで来ました。

そして、正面からではなく、脇の入口から入ってきました。

「キュウッキュウッ……」

下駄の音は勝手口のほうへ……。このときです、全員の顔から血の気が失せて青ざめたのは……。

勝手口から入ってくるとき、誰でも戸口の前で立ち止まるはずなのに、声もかけず、立ち止まりもせず、そして、戸を開けもせず……。

「キュウッキュウッ……」

家のなかの土間を歩きはじめたのです。そして、ためらうことなく、板敷きの台所に上がり、私たちがいる部屋の隣の茶の間に……。

「キュウッキュウッ……」

雪の上でもないのに、雪下駄の音はずっと雪を踏みしめる音です。

「誰がいるのか、開けてみなさい」

母は気丈にそういいました。

私と兄は左右に分かれて、茶の間とのあいだを仕切っている障子《しょうじ》を一気に開けました。

ところが……誰もいません。心まで凍りつくような冷たい空気が流れこんできただけでした。

「探してみなさい。台所のほうもね」

男の兄弟ばかりの私たちに、母は命じました。私たちは、茶の間や台所、その土間を探しはじめました。すると、兄がすぐに「あっ、開いてる」と納戸《なんど》の戸を指さしたのです。納戸は広い土間の一角にある、高さ百六十センチくらい、広さ二畳ほどの物入れでした。

私と兄は納戸の戸を閉めようとしたのですが、なんとなく上のほうが気になった私は、目線を上げて、そして見てしまったのです。

……女の人がいます。奥の壁際の上のほうに、艶《つや》のない髪を垂らして……。目は半眼で、まっすぐに宙に向けられています。うす茶色の着物は薄着で、こんな真冬にその姿ではとっくに凍死していたはずです。と……目線を下に向けた私は、

「幽霊！」

と叫んでいました。

腰から下がなかったのです……。

転がるようにみんな母のもとに集まりました。

「シメさんを呼んでおいで！」

シメさんとは、以前、凶悪犯を目の前にして「このやろう」とひとりで捕まえ、警察に引き渡した村の名物男でした。

私と兄はシメさんの家に雪のなかを転がるように走ったのですが、運よくシメさんの家

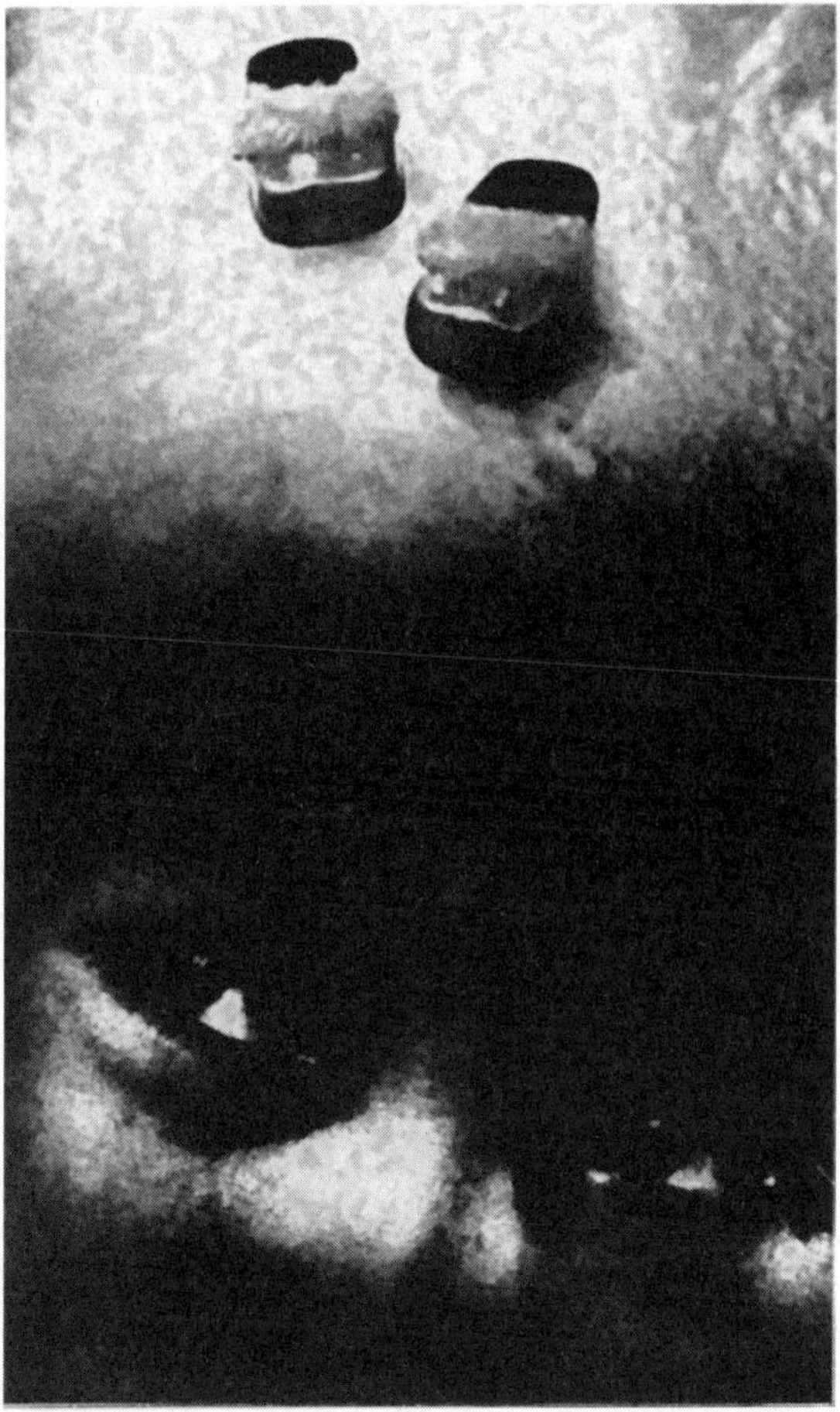

の前で父にも会うことができ、みんな走って家に駆け戻りました。

「どこにいるんだ?」

尋ねる父に納戸を指さすと、シメさんは傍らの棒を持って近づいていこうとしました。父はそんなシメさんを手で制すると、ひとりで納戸に向かいました。

「あんたは誰だ?」

「なぜ、ここにいる?」

父の低い声が聞こえました。

父がこのとき、何を話していたのか、私には記憶がないのですが、叱ることも、一篇のお経をあげることもなかったことは覚えています。

「いなくなったよ」

どのくらい経ったかわかりませんが、父はそういって振り向きました。そして、それ以後、女の人が現われることはありませんでした。

あの女の人が何者なのか、わかりません。ただ、踏切が近いので、もしかしたら列車にひかれた人かもしれません。私も列車にひかれた人を見たことがあります。胴から上は無傷で、胴から下は形がないその姿は、あの女の人とおなじでした。ただ、私が見たのは、男の人だったのですが……。

# 第四章　恐怖へ誘《いざな》う魔のスポット

# もう、ここには住めない

――角野雅行（仮名・三十四歳）　京都府

これは、霊感などまったくないと思っていた私が十四年前に体験した話です。

私は当時、つきあっていた女性と同棲を始めるために部屋を探していました。何軒もの不動産屋を訪ねましたが、どうしても予算が折り合わず、頭を抱えているとき、友人のFから電話がありました。部屋探しがうまくいかないと相談すると、Fは、

「そんなんやったら、公団にしたらええやん。結構、快適やぞ」

といいます。

そういえば、F自身が公団に住んでいて、私も遊びに行ったことがありました。こぎれいに片づけられた部屋を思い出して、私はそれも悪くないなと、彼女にいってみたのです。

彼女もOKしてくれました。

そして、さっそく公団住宅の抽選に応募し、見事に一発で当てることができたのです。

私たちふたりは、有頂天になって入居手続きをすませ、自分たちの部屋に向かいました。

場所は京都のO団地。地元なので、ここに応募したのですが、エレベーターのない五階建ての四階の四〇五号室が新しい住まいです。

玄関を入って左手に風呂、左奥に四畳半の和室、右奥にダイニングキッチンと六畳の和室がある2DKで、ふたりで住むなら充分な広さでした。畳も壁紙もきれいに張り替えられていて、彼女は一歩なかに入ったとたん「きれいやなあ」と感嘆の声をあげましたが、私はなんだか口ではいい表わせない、いやな空気を感じました。

特に、玄関の左奥にある四畳半の和室……。その部屋には澱《よど》んだ空気がぐるぐる回転しているようで、湿気と黴《かび》臭さが鼻をつきました。

上機嫌の彼女を見ていると、そんな感じを伝えることもできず、黙って部屋に入っていきました。でも、そんな彼女が恐怖に震えるのも、そんなに先のことではなかったのです。

入居して一週間ほど経った夜のことでした。

鏡台やダブルベッドを置いて寝室とした四畳半に、私と彼女はいました。時刻はもう午前一時をすぎていたと思います。

「ガッチャーン!」

隣のキッチンから食器の割れる大きな音がしました。

その日は、私が食器洗いをしていましたので、彼女は「もう、食器はちゃんと伏せといてよ」といいながら、渋々立ち上がっていきました。ところが、

「ちょっと、来て!」

彼女が震えるような声で叫びました。

寝ぼけ眼で、呼ばれるままに行ってみると……。

食器もグラスも壊れているものは、何ひとつないのです。

「疲れてるんや、ベッドに戻ろう、寝よう」

私たちは、ベッドに戻ったものの、朝まで熟睡することはできませんでした。

そして、つぎの晩のこと。食器の件から神経が過敏になっているのか、彼女はひとりでいることをいやがり、「お願いだから、お風呂もいっしょに入って」と頼みます。そして、二回めの出来事はそこで起こったのです。

彼女がバスタブに入っているあいだ、私は身体を洗っていました。彼女の気を紛らわすために、私はシャンプーをしながらも、笑い話をしていました。うつむいて、耳の後ろあたりを洗っていると、いきなり、彼女が私の左手を「ギュッ」と握ります。

「なんやねん？」

「えっ？」

「いま、手、握ったやろ？」

「いや、握ってへんよ……」

急いで、シャンプーの泡を流しながら、私は気がついていました。あの手は彼女の手にしては大きすぎる……と。あれは……男の手でした。

　そのまま、ふたりは部屋を出るべきでした。しかし、夜も更けていましたし、とにかくその夜だけは、我慢しようと、ふたりでビデオを見て時間をすごすことにしたのです。

　それは、邦画のビデオでした。あらすじも忘れてしまいましたが、あるシーンになったとき、声も出ない恐怖が待っていたのです。

　そのシーンとは、ヒロインが鏡を見つけるところでした。ぼんやり画面を見ていた私たちの目に、信じられない光景が飛びこんできました。

　ヒロインの見つめる鏡のなかに、私たちふたりが映っていたのです……。

　そして、そのあいだには赤く発光する男の顔が、鼻から上だけ浮かんでいました。

　そのシーンが消えるまで、私たちは動くこともできず、画面を凝視していました。

　そして、場面が替わると同時に、彼女は携帯電話を取ると友人に電話をしました。電話の相手は、霊感の強い女の人です、彼女の話を聞いて友人はすぐに駆けつけてくれました。

「いまは、何も感じないよ。ただ、風呂は北側にあるから、あんまりよくないね」

　彼女が来てくれたことで、少し気が楽になりました。霊感が強いといわれている人が
「何も感じない」というのですから安心して、三人でビールを飲みました。

「今日は女性ふたりで、居間に寝てくれればいいよ。僕はひとりで大丈夫、大丈夫」

アルコールで気も大きくなっていたのか、私はひとりで寝室に行って、ベッドの上に大の字になりました。それが、大きな間違いだったのです。

どのくらい眠ったのか、わかりませんが、ふと目を覚ました私は、自分の身体が動かないことにすぐ気づきました。足も、腕も、指一本すら、動かないのです。

ベッドは右手の襖《ふすま》にピッタリとくっつけて置いてありますが、私はうつ伏せのまま、襖のほうに顔を向けている状態でした。

動けない身体に、これまで感じたこともないような恐怖を覚え、なんとかそこから抜け出そうと、瞬きを繰り返していた私の目に奇妙なものが見えはじめました。

それは、ヘッドボードと襖のあいだの何ミリかしかない隙間から、ニュッと出てきたのです。一瞬、何かの影か、染みかと思ったのですが、それが何か……すぐにわかりました。目です。

見開かれた男の左眼だけが、じっと私を凝視しているのです。

「南無阿弥陀仏、南無阿弥陀仏……」

私は心のなかで、必死で唱えました。

そのとき、隣の部屋から声が聞こえました。

すると、左眼は、

「そんな言葉で消えると思うなよ」

不気味な響きでそういうと、ヘッドボードとマットレスのあいだに吸いこまれるように消えていきました。

彼女と友人が「いやな予感がして……」と、寝室に入ってきたとたん、私の金縛りは解けていました。

しかし、眠られぬまま、朝を迎えたとき、私の左眼はパンパンに腫れ上がり、糸のように細くなってしまったのです。すぐに眼科に行きましたが、原因ははっきりしません。

「もう、ここには住めない……」

私たちは部屋を出ることにしました。

急いで業者に頼んで、引っ越しをすることにしたのですが、不思議なことに四畳半の鏡台はびしょぬれになり、使いものにならなくなっていました。

そして、なぜ入居したときに気がつかなかったのか、壁や柱にボールペンで書かれたような文字がいくつもあったのです。

「ここに住んではいけない」

あれは、何だったのでしょうか、あの部屋は。そして、誰が書いたのでしょうか、あの文字は……。

# 女子トイレ床下の棺桶

——森乃ゆめ（仮名・四十六歳）　神奈川県

二十年以上も前の話です。

私の通っていた中学はとても古い歴史のある学校でした。校舎はもちろん木造で、階段や廊下はギシギシ音がするし、雨漏りしたり、すきま風が入ってくるところもありました。

それは、私が二年生になった五月のことでした。

一階の女子トイレの床に長方形のひびが入ったのです。なにしろ、古い学校ですので、壊れる場所も少なくなかったのですが、そのひびはくっきりときれいな長方形でしたから、「墓地に埋まっていた棺桶が浮かび上がってきた」という話が、まことしやかに囁《ささや》かれるようになりました。

「きっと、私たちとおなじくらいの年の子が、楽しい話し声に誘われて、仲間に入りたい一心で、棺桶を持ち上げたのよ」

そんなことを言いあっていたのですが、先生方は笑って取りあってくれず、用務員のおじさんがコンクリートでトイレの床をきれいにならしてくれました。でも、それから一階のトイレを使う人は誰もいなくなりました。

おなじころ、夜中になると、学校からチャイムの音が聞こえてくるという噂も流れました。生徒が帰ったあとは、チャイムの電源は切られるのですから、そんなはずはありません。ところが、これは、単なる噂ではなかったのです。

私自身、学校からさほど離れていない自宅で、夜中にかすかに流れてくる「キーンコーンカーンコーン」という音を聞いたのですから……。

このチャイムの音を聞いた子は何人もいました。ですから、「死んだ子がやっぱり仲間に入りたいんじゃないか」とか「誰かが、学校に来てもいいよって、チャイムを鳴らしているんじゃないか」と、さまざまなことを言いあったものです。

そんな会話のなかで、ひとりの男子が、

「何年か前、遠足に行って、川で溺れた先生がいたんだって？」

といいはじめました。

「うん、知ってる。青木先生っていうんだ。溺れそうな生徒を助けて、自分は力つきて、死んでしまったって……」

「生徒思いの優しい先生だったって、俺の姉さんはいってたよ」

「何年前に死んじゃっても、みんな、思いが残るところにいるのかなあ」

「思いが残るところって？」

「この学校のことだよ。ここしかないだろ……」

そんなある日のことです。

朝、目が覚めると、時計の針は九時をとっくにすぎていました。家族はみんな出かけてしまったあとで、誰もいません。完全に遅刻です。学校に着くころには二時間目が始まってしまっているかもしれない。私は家を飛び出して、学校まで走りました。

息を切らして二階の教室に駆け上がり、遅刻のいいわけを考えながら、前の戸をそっと開けました。そこには先生の姿はありませんでした。そして、どういうわけか、クラスのみんなは全員、机ごと後ろを向いていました。いつもはうるさくて、先生に怒られてばかりいるクラスなのに、物音ひとつたてず、みんな熱心に勉強をしているように見えます。

その異様な雰囲気に足がすくみ、教室に入っていくことができません。

そっと、隣の教室を覗いてみると、そこでも、みんな後ろ向きになって熱心に勉強しています。学校じゅうの動きが止まってしまったようです。

私はガタガタと震えながら、その場から逃げだしました。

「誰か……誰か、助けて！」

走り疲れて、階段の踊り場で立ち止まった、そのときです。

「コツコツ……コツコツ……」

上のほうから、階段を下りてくる足音が響いてきました。

「助かった……」

そう思って、私も階段を上りはじめました。

見上げると、降りてきたのは紺色のジャージを着た男の先生でした。手にボールを持っています。うつむいているので、何年生の先生か、よくわかりません。

でも、とにかく先生がいてくれたことが嬉しくて、私は走り寄ろうとしました。でも、なぜか足が重くて重くてたまりません。

「せ、ん……せい……」

重いのは足だけではなく、口も思うように動きませんでした。そして、先生のほうに手を伸ばそうとしたとき、私は気がついたのです。

先生の髪からポタポタと、水が滴《したた》り落ちていることに……。

すると、先生はふと顔を上げて、私の目の前にスッとボールを差し出しました。

いいえ、それはボールではありませんでした。それは、私に向かってにこにこと嬉しそうに笑いかけてくる、お下げ髪の女の子の首だったのです……。

それからあとのことは覚えていません。

気がつくと、私は保健室のベッドに寝かされていました。階段の踊り場に倒れていた私を見つけた友達が、保健室に運んでくれたということでした。

「連絡がないから、無断欠席かと思って心配したぞ」

担任の先生にそういわれて、私は、二時間目の途中に教室に入ろうとしたこと、みんなが後ろ向きになって、静かに勉強していたことを話しました。すると、先生は笑って、

「じゃあ、夢でも見たんだ。二時間目は、遠足の班を決めていて、大騒ぎだったよ」

と、いいました。

私はその後、この恐ろしい話を誰にもしませんでした。話をすると、「誰か」が聞いているような気がしたからです。

そして、何年か経って会社に勤めるようになった私は、そこで中学の先輩に会いました。ふと、思いついて青木先生のことを聞いてみると、隣のクラスの担任で、写真もあるというので、見せてもらったのです。……やはり、あれは青木先生でした。

では、あの首だけのお下げ髪の子は？

生徒思いの青木先生が、遠足の話をしているみんなのところに、

「この子も仲間に入れてくれよ」

と、連れてきたのでしょうか？

あの子は、ひとりぼっちでトイレの床下の棺桶のなかに眠っている子なのでしょうか？

# 千年の古都の古い宿

山岸典子（仮名・三十五歳）京都府

それは、私が高校二年生のとき、修学旅行の最中に起こった出来事でした。

私の母校は北海道にあって、修学旅行は京都でした。千年の古都を巡る旅行を、誰もが楽しみにしていました。あんなことさえなかったら、いちばん思い出に残る数日間になったはずなのに……。

京都での二日め、嵯峨野《さがの》や嵐山をまわった私たちは、予定どおりの日程を終えて、宿に到着しました。

「古い旅館だね」

私はまずそう感じて、口に出していいました。

「古いほうが京都らしくていいよ」

私の独り言を聞いていた友人にそういわれて、それもそうだと、みんな笑いながら部屋に向かいました。部屋割りはあらかじめされていたので、私たち七人のグループは、宿の人に案内されるまま、二階のいちばん奥の部屋に行ったのです。

「ここどす。ごゆっくり、おくつろぎやす」

はんなりした京都弁を残して、宿の人が立ち去ったあと、私たちは部屋の前に立ちすくんでいました。

なぜか、誰もなかへ入ろうとしませんでした。

部屋の前の戸はガラガラと音のするような引き戸で、小さなカギ穴がついています。

どうして誰も、その戸に手をかけようとしなかったのか、いまでも不思議なのですが、私自身の感じたことでいえば、そこに背筋を凍らせるような冷たい空気が流れているように思われたのです。でも、いつまでもじっとしているわけにもいかず、ひとりのクラスメートが、何を思ったか、小さなカギ穴からなかをそっと覗きました。まるで操り人形のように、誰かに動かされているかのような、ぎこちない動作で……。

しばらくその子は動きませんでした。

たまりかねて、私が声をかけようとすると、ふっとその子は顔を上げました。

そして、いったのです。

「誰か……いる……」

私たちは、立ち尽くしたまま、手を握りあったり、肩を抱きあったりしていました。

ちょうど、そのとき、担任の先生が廊下を通りかかり、「何やってんだあ」と、声をかけてきました。

「先生！　なかに、なかに、誰かいるって」

私たちが訴えると、先生は「そんなバカな」といいながら、「ガラガラ」と音をたてて、引き戸を開け放ちました。

なかには……誰もいません。

「夕べ、遅くまで騒いで睡眠不足なんだろ。今日は早く寝るんだぞ」

先生はそういって、笑いながら行ってしまいました。

私たちはしかたなく、恐る恐る、なかに入っていったのですが、落ち着きませんでした。

大広間で全員そろって夕食をすませたあと、それぞれグループごとに部屋に帰っていきましたが、私たちは、「あの部屋」で、ほとんど話もせず、ただ身を寄せあうように坐りこんでいました。何か話をすると、「誰か」が聞いているような気がしたのです。

布団を並べて横になったのは十一時ごろでしたが、疲れているはずなのに、なかなか寝つけません。たぶん、みんなおなじだったのでしょう。咳払いをしたり、寝返りをうったりする音が、長いあいだつづきました。

十二時をまわって、さすがに瞼《まぶた》が重くなってきました。

みんなも寝静まったようです。

私はやっと眠れると思って、何気なく天井を見ました。

すると、ムニュ……と、天井の一部が動いたのです。

「えっ……！」

気のせいにちがいない、そう思いながらも、背中に冷たい汗が流れました。早く目を閉じなければ、そう自分に言い聞かせたのですが、意志に反して、私の目はじっと天井を見つづけました。

「ムニュ……、ムニュ……」

恐怖に声も出ない私をあざ笑うかのように、天井の一部が奇妙に変形しました。ボコボコと出っぱったり、ひっこんだり……。

それは、まるで粘土を拳骨で押しつけているみたいです。

私は、だんだん気分が悪くなり、そして、ついに「ギャーッ」と叫ぶと、そのまま、暗闇の世界に落ちていったのでした。

気がつくと、あたりはすっかり明るくなっていて、友達が心配そうに、私の顔を覗きこんでいました。

「あっ、気がついた？　大丈夫？」

「夕べのこと覚えてる？」

私は天井を見ていて気分が悪くなったところから、何の記憶もありません。

「怖かったよ……。もとに戻らなかったらどうしようかと思った……」

いっしょの部屋にいた友人の話によると、こうでした。

私の叫び声に、六人がびっくりして飛び起きると、私は布団の上に仁王立ちになって、

「俺はここにいる！　まだ気がつかないのか……！　俺は……ここにいる……！」

と、男の人のような太い声でいうと、そのまま、ばったり倒れてしまったのだそうです。

私たちは、その朝になって、部屋のあちこちにお札が貼られていることに気がつきました。そこでみんなで相談して、床の間にお茶を供えて、そそくさと部屋を出たのでした。

南禅寺方面に向かう観光バスのなかで、私はカギ穴からあの部屋を覗いた子に「何が、見えたの？」と聞いてみました。

「……目。カギ穴の向こうに、私とおなじようにこっちを覗いてる……目があった。その目がね……、その目が……だんだん増えていったの……」

そういったきり、もう話したくないというように、その子は首を振りました。

あの旅館は、まだあるのでしょうか。

そして、今日も誰かが泊まっているのでしょうか。

# 異次元空間への入口

——土橋麻子（仮名・四十五歳）　神奈川県

これは、私が高校卒業後、就職した会社の寮での出来事です。

寮といっても、何軒かの小さなテラスハウスのようなところを会社が借り上げ、私たちに安く貸すといった形でしたので、私はその部屋をシェアすることを希望しました。ひとりで借りるより安上がりですし、初めての一人暮らしでも心細くないからです。私のように考えていた人は何人かいて、同期に入社した香さんと住むことになりました。

一階に玄関とキッチン、バス、トイレがあって、二階は二部屋でしたので、それぞれ自分の部屋をもつこともできました。私は入居のときに、実家で飼っていた猫を二匹引き連れていったのですが、香さんも猫好きでとても喜んでくれました。

会社の仕事にも少しだけ慣れてきた六月のある日、私は高校時代の友人の真澄と買い物に行き、帰りは私の部屋に誘いました。途中で香さんに電話をすると、家にいて待っているというので、三人でおしゃべりをしようと思ってモンブランを三個買って帰りました。

二階に上がって「香さん」と隣の部屋に声をかけましたが、返事がありません。

私はノックをして香さんの部屋を覗いてみました。やはり、誰もいません。

「おかしいね。待ってるっていってたのに」

私が呟《つぶや》いたとき、二匹の猫がドアの隙間からスルリと香さんの部屋に入っていってしまいました。私たちがふたりとも出かけているときは、ふたつの部屋のドアはいつも開け放しているので、猫たちはどちらの部屋も自由に行き来していたのです。

私と真澄は私の部屋に戻って、モンブランを食べながら、おたがいの会社のことを話していました。真澄は同期入社の人がいなくて、まわりはおじさんばかりだとしきりに嘆き、でも、ひとりだけ独身のかっこいい人がいるので、それが救いだと笑っていました。

そのとき、隣の部屋から「フーッ」という猫の激しい唸り声が聞こえてきました。驚いて、香さんの部屋に行ってみると、猫が二匹とも、部屋の隅のクローゼットのほうを向いて毛を逆立てていましたが、猫が怖がるようなものは見あたりません。

私は二匹を抱えるようにして自分の部屋に戻り、ドアを閉めました。

それから夜遅くまでふたりで話しこんでいたのですが、結局、終電の時間になって真澄が急いで出ていくまで、香さんは帰ってきませんでした。

気にはなっていたのですが、いつのまにか私は眠ってしまい、次の日もいつもより遅い時間に起きたので、隣の香さんには声もかけないまま、会社に走りました。私が会社に着くと、いつもどおり、香さんが私の斜め前のデスクにいます、ほっとして、

「昨日、出かけたの？」

と、聞いてみました。

「ううん、ずっと部屋にいたよ。麻子さんが帰ってくるの、待ってたんだけど、眠くなって寝てしまったみたい」

香さんはそういいます。

なんだか、いっていることがよくわからなかったのですが、仕事中に詳しい話もできないので、「じゃあ、あとで」と、家に帰ってから話すことにしました。

夕方、私が一足先に帰ってみると、いつもは玄関まで出てきて甘える猫の姿がありません。私は猫をその家に連れてきたとき、慣れない家から外に出ていかないようにと、充分気をつけていたのでした。戸締まりはきちんとしていたし、窓は一階も二階もすべて閉めていました。猫が外に出ていける隙間なんて、どこにもないはずなのです。

やがて、香さんが帰ってきたので、昨日の話もせず、ふたりで猫を探しましたが、どこにもいませんでした。

「今朝、部屋を出るときちゃんと閉めたクローゼットが開いてたから、そこに入ってるのかと思って見たけど、やっぱりいないね」

香さんの言葉にドキッとしました。

二匹の猫が昨日、クローゼットの方角を怖がっていたことを思い出したのです。

「ところで……」

私は昨日、部屋にいたという香さんに、話を聞きはじめました。

「私、眠ってしまったんだけど、ふたりの声は聞こえていたのよ。モンブランを食べていたでしょ。それから、真澄さんはまわりがおじさんばかりでいやだって。独身の人がいるから救われるって話もしていたよね」

こんな不思議なことがあるのでしょうか。私はひとつの確信をもって尋ねてみました。

「香さん、眠くなってどこで寝ていたの?」

「えーと、ちょうどクローゼットの前にクッションを置いて横になってたら、眠くなったと思うんだけど、よく覚えていないのよ」

やはり、思ったとおりでした。香さんの部屋には、どこか違う空間につながる通り道があるに違いありません。私の猫はその空間に呑みこまれてしまったのです。

香さんも昨日、その空間に入ってしまったのでしょう。どうして帰ってくることができたのかわかりませんが、違うところで、私たちの話を聞き、私たちを見ていたに違いありません。

ふたりは翌日、その寮を出ました。

もしかしたら、そのあと、あの寮に入った人は消えてしまうかもしれません。消えてしまった人はどこに行くのでしょうか。

## 写真館の心霊写真――桑原健二（仮名・四十六歳）　栃木県

私は、以前、写真館に勤めていました。ある事情があって閉店してしまったのですが、忘れることのできない店でした。

その写真館の主人は腕も人柄もよく、小さいながらも、きちんとスタジオがついていましたから、お得意さんが大勢いて、繁盛していました。

奥さんもとてもいい人でしたから、私は自分の職場としては理想的だと喜んでいたのです。ただ、ひとつの気になることを除いては……。

それは、偶然気づいたことなのですが、店の主人が現像できた写真をお客様に渡すとき、何枚かを抜くことがあるということです。フィルムを持ちこんで現像を依頼してくる場合と、写真館のスタジオで撮影したものをお渡しする場合があるのですが、スタジオ撮影のときに何回もシャッターを切って、よく写っているものを焼き付けするのは普通です。しかし、個人のお客様が撮影されたものを、何枚か抜いてしまうというのは納得できません。

ある日、やはり写真を引き抜いてお客様に渡しているようすを見ていた私は、思いきって聞いてみることにしました。

「さっきの写真ですが、お渡しした枚数が少ないんじゃないかと……」

遠慮しながらそういうと、主人は、

「お祝い事や楽しい写真に、見なくてもいいものが写ってるなら、渡さなくてもいい。お客様にはちゃんといってるから、心配ないよ」

と答えました。

「でも、お客様の写真ですし……」

私が言葉を濁していると、主人は店の奥の部屋に行って、私を手招きしました。そして、ロッカーのなかから四角い箱を持ち出すと、机の上に置きました。

見るとそれは桐の白い箱でした。そして、その上にも横にも、お札が貼られています。

「わかっている人はわかっているが、何も知らない人もいるから、他言しないように。黙っているなら、見てもいいよ」

私は一瞬、ためらいましたが、好奇心を抑えきれず、そっと箱のふたを取りました。なかには、数十枚の写真が入っています。主人が抜いていた写真に違いありません。

一枚を手に取りました。

建て前の写真です。さぞかし、立派な家になることでしょう。頑丈そうな木を使い、屋根の部分も大きくて……と、その地面に目をやったとき、どうしてこんなところにたくさんの杭が……と思ったとたん、声をあげそうになりました。何本もの杭が突き出ていると思ったのは、人間の腕だったのです。真っ白な腕が、何本も何本も、まるで地面から生えているかのように、ニョキニョキと……。

私は反射的に写真を裏返していました。

震える手で、つぎの写真を手に取って、そっと目をやりました。

それは断崖絶壁の前で、笑っている女性の写真でしたが、その女性の後方、崖の向こうから「おいでおいで」をしている手が写っているのでした。

私は何かに憑かれたように、ふたたび別の写真に手を伸ばしていました。

成人式の女性の足元にまとわりつく、赤ん坊……。

子供が乗っているゴムボートに、海から乗りこもうとしている、身体の半分が透けたような男の腕と足……。

ただ、スタジオで撮った七五三の記念写真には変わった様子はありませんでした。私がその写真を無言で差し出すと、主人は首を振って、

「真ん中に写っている七五三の子供は、撮影にきた子じゃないんだ……」

と、顔を曇らせました。

私はそれまで、心霊写真というのは、光や煙、あるいは染みや汚れが何かの形に見えてしまう、としか思っていませんでした。

これほど、はっきり写るのだという事実に、恐怖を通り越した驚きを感じました。桐の箱のなかの写真は何年かに一度、お寺に持っていって供養してもらうのだそうです。

私が、その不気味な箱の中身を見て何日もしないころ、店の主人が急に救急車で運ばれました。数日前から顔色が悪く、溜息をつくことが多かったので、心配していたのですが、心臓発作でした。

きっと回復すると信じていた願いもむなしく、主人はそのまま、病院で息を引き取りました。訃報を聞いて駆けつけると、奥さんが一枚の写真を私にこっそり手渡しました。

そこには、奥さんといっしょに並んで笑っている主人の姿が写っていたのですが……、その左胸から何本もの腕が出ていたのです……。

この写真のことは、主人が亡くなるまで、奥さんも知らなかったそうですが、自分で現像したあと、「俺も長くないのかなあ」と、何度も呟《つぶや》いていたといいます。

写真の裏には小さな文字で、お経がびっしり書かれていましたが、それも効きめがなかったのでしょう。

あのような写真はやはり、見ないほうがいいに決まっています。

あなたの写真は大丈夫ですか？

## 学校の箱入り髑髏《どくろ》――森野眞子（仮名・二十六歳）愛知県

私は現在、中学校の教師をしています。

学校には怪談話がつきもので、生徒たちも何かにつけ、怖い話をしたり、聞きたがったりしますが、私は自分が過去に経験した話は誰にもしたことがありませんでした。

それは、実際に体験した者にしか理解できないという思いがあるからです。話すことで、あの背筋の凍るような感覚が戻ってくるのではないかという恐れもありました。

あれは、中学二年生のときのことでした。

当時、私はクラス委員をしていました。委員会が定期的にあったので、ほかの生徒たちより遅くまで学校に残っていることが頻繁にありました。夏のキャンプを一カ月後に控えたその日も、割り当てられた仕事を終えたのは午後七時すぎでした。

帰る前に、キャンプファイヤーに使う道具を、自分たちの部屋から少し離れた倉庫に取りにいかなくてはなりません。私と裕子は暗い廊下を通って、倉庫の前まで行きました。

倉庫のなかには電灯はなく、懐中電灯を片手に入っていったのですが、入口の戸を開けたままにしておいたのは、やはり少し怖い思いがあったからでしょうか。

倉庫のなかは乱雑で、なかなか捜し物が見つかりません。汗をかきながら、ごちゃごちゃしたものをどかして、ふたりは黙々と作業をしていました。

「あったよ」

裕子がそういったすぐあとでした。

全開にしていた倉庫のドアが「バタン！」と大きな音をたてて閉まったのです。風もないのに……。ふたりともビクッとして、顔を見合わせました。

そのとき、棚の上から段ボールの箱が突然、床に落ちてきました。私たちは、懐中電灯の明かりだけの暗闇のなかで、ドキドキしながらも、早くその場を立ち去ろうとしました。

そして、出口を確認するために動かした私の懐中電灯の明かりが、落ちてきた段ボールを照らし出してしまったのです。箱のふたが開き、なかから何か白っぽいものが転がり出てきています。

裕子も動きを止めて、「白っぽい何か」を凝視しているようでした。何か、異様なものであることは直感でわかりました。そこで、やめておけばよかったのです。しかし、私たちは惹きつけられるように「白っぽい何か」に近づいてしまいました。

……髑髏《どくろ》……！

ふたりのあいだに重い空気が流れ、言葉も出ません。濡れたような泥のついたそれには、深い洞穴のような目のくぼみが……。

「理科の……標本だよね……。きっと……」

私はそういうだけで精いっぱいで、心のなかは、なぜか、ここを早く立ち去らなければという気持ちでいっぱいでした。

ところが……、ドアが開かないのです。ふたりとも、すぐにドアに向かって走りました。

私たちは泣きだしそうになりながら、取っ手をガチャガチャまわしました。鍵は、たしかに私たちが手に持ってなかに入ったのですから、外からロックすることはできないはずです。それなのに……。

必死になって取っ手をまわしていると、背後から、

「ゴト……ゴト……」

不気味な音がしました。

反射的に振り返ると、暗闇のなかに青白いふたつの光がぼんやり浮かび上がっています。

それは、たしかに、私たちをじいっと「見て」いました。

「カチカチ……カチカチ……」

つづいて、歯を鳴らすような音が倉庫じゅうに響きわたりました。

私たち以外には誰もいない倉庫のなかで、音を出すものがあるわけありません。それは、間違いなく青白いふたつの光を放つ「それ」が発している音でした。

私たちは、大声で叫びながら、ドアを叩きつづけました。

その声を聞きつけてくれたのは、私たちの帰りが遅いのを心配して探しにきてくれた先生でした。ドアを開けてもらい、私たちが倉庫のなかを指さすと、先生は「理科の標本だよ。怖がりだなあ」と笑っていました。

私たちも、先生の言葉に少し落ち着きを取り戻し、その日は帰宅しました。


それから、三日後。私と裕子は放課後、先生に呼び出されました。そのときには、倉庫で見たあの髑髏のことは忘れかけていたのですが、先生の言葉に、ふたたび、凍るような恐怖が私たちを包みました。

「実は、例のあれ……標本じゃなかったんだ」

先生の話によると、私の通っていた中学校は戦時中からおなじところにある古い学校で、戦時下では、学校の校庭は遺体を置く場所になっていたそうです。だから、例の「あれ」も、そのひとつではないか、ということでした。

先生は、私と裕子を髑髏が供養されたお寺に連れていってくれました。私たちは倉庫のなかで見た髑髏に対面し、ひたすら祈りました。

いま思うと、あの髑髏は、私たちに自分の居場所を教えようとしたのではないか、という気がします。そう自分を納得させても、あのときの不気味さは私の記憶の底から消えることはありません。

## 祟《たた》られた税務署――長薗美幸（仮名・三十一歳）　神奈川県

私が神奈川県のある税務署に勤務していたときの話です。

その税務署に転勤するなり驚いたことがありました。各階ごとに神棚がまつられているのです。総務の女性が毎朝、水を換え、年に一度は幹部たちがお金を出しあってお祓《はら》いにも行くということでした。

いままでの勤務先では考えられないことで、異様な感じでした。

あれは、転勤して半年後の一月のことでした。

仕事がたてこんでいて、夜の七時ごろにやっと一段落したので、私は書庫に資料をしまいに行きました。暗い書庫のドアを開けると、ひとりの女性が立っています。三十歳くらいのおかっぱ頭のその人は、俯《うつむ》いて、何やら資料を読んでいるようでした。

見覚えのない人でしたが、職員の誰かだろうと思い、

「暗いですから、電気つけますね」

そう声をかけて、スイッチを押しました。すると、その瞬間に女性の姿はパッと消えてしまったのです。

私は悲鳴を抑えて、ほかの職員がいる部屋に駆け戻りました。私の様子がおかしいことに気づいた上司に尋ねられるまま、私は書庫での出来事を話しました。私が見た女性の特徴を聞いた上司は、

「それは……Sさんだな。ちょうど、去年のいまごろ……病気で亡くなったんだよ。かわいそうに、もっと仕事がしたかったんだろう……」

といいます。

半信半疑でいる私に向かって、さらに上司は「誰にもいうなよ」と念押ししてから、神棚がまつられている理由を教えてくれました。

　Sさんが亡くなってから二カ月後、今度はKくんという若い男性職員が亡くなっているのです。同僚と食事中に、急に苦しみだしたKくんは病院に運ばれたものの、すぐに息を引き取ったそうです。原因は不明でした。

　おなじ年にふたりも亡くなったので、署長の意向で安全祈願のため、神棚をまつるようになったのだといいます。

「だから、いまはいいけど、署長は一年か二年で転勤するだろ？　そうしたら……」

　上司のいいたいことはわかりました。いつか、神棚やお祓いは必要ないという人が現われても不思議はありません。

　上司が危惧したとおり、その後に着任した署長は、神棚をすべて撤去させ、もちろんお祓いなどしませんでした。職員は口にこそ出しませんが、明らかに不安を感じていました。

　そして、その不安は的中してしまったのです。職員の怪我や事故が増え、近親者を亡くす人も続出しました。

　この災厄が職員の命を脅かす前にと、署長に談判して、神棚を元どおりにしてもらいました。そして、お祓いも復活したのです。

　すると、不幸な出来事はパッタリなくなりました。

　いったいこの税務署に、なぜこんな不思議なことが起こるのか。そのわけを、私は古くから税務署にかかわってきたOBの税理士から聞くことができました。

税務署が建て替えられるときのことです。裏には墓場が広がっていたため、工事中に人骨がゴロゴロ出てきたのだそうです。それだけではなく、敷地内にあった武士の塚も壊して駐車場がつくられました。

庁舎が完成してまもなく、ひとりの課長が身体の不調を訴えて病院に行きましたが、進行性の癌に冒され、まもなく亡くなったということです。翌年には二十代の職員が心不全で亡くなりました。新庁舎の工事が死者の眠りを妨げてしまったのでしょう。


この税務署に私は二年間勤務しましたが、無事に転勤をすることができました。そして、その一年後にふたたび、あの税務署で職員が亡くなったという知らせを受けたのですが、きっと新しい赴任者が神棚を取り外し、お祓いをしなかったのだと思います。

祟りはいまだにつづいているのです。

## 深夜の女子寮に響く足音——長井美久(仮名・三十一歳) 東京都

それは一台の救急車のサイレンから始まりました。

十年前のことですが、私は当時、品川区にある職場の寮に住んでいました。私の部屋は四階にあり、そこで、友人とふたりで昼食をとっていたときです。

サイレンの音が部屋の真下に止まったので、友人が気になったらしく玄関の戸を開けました。そして、外を覗いたとたん悲鳴をあげ、その場に坐りこんでしまいました。何事かと、彼女が指さすほうを見ると、階段の踊り場にポツンと、丸い椅子が置かれています。

彼女は震える声でいいました。

「私、見たのよ。ここに来る前に、変なおばちゃんがブツブツいいながら、椅子を持って階段を上がっているところ。その椅子、踏み台にして……飛び降りたのよ、きっと…」

彼女の言葉にようやく事態が呑みこめた私は、そのことを警察の人に知らせるため、階段を駆け下りました。

すると、下には……血だらけの女性が倒れていて、救急隊員が担架に乗せようとしています。誰が見ても、もう生きてはいないことはわかりました。はっきりと見ることなどできませんでしたが、全身が血に染まり、不自然な形に身体が折れ曲がっていました。

飛び降りた人は、四十代の近所の女性で、精神病院から一時帰宅したばかりだったということです。この日は日曜日だったので、ほかの寮生は外出していて、私は管理人さんから事件については他言しないようにと、堅く口止めされました。

それから一週間後のことです。

同室の子がふたりとも出かけ、私ひとりだけの夜でした。

すっかり眠りこんでいた私は、部屋の前を歩く「ミシミシ」という足音と、引き戸を開けたり閉めたりする音に目を覚ましました。時計を見ると、夜中の三時です。てっきり同室の子が帰ってきたと思った私は「静かにして」と寝ぼけたような声を出したのですが、引き戸を開け閉めする音は、からかうように何度も聞こえてきます。

目が覚めてしまった私は起きあがったとたん、「しまった!」と青ざめました。玄関の鍵を閉め忘れていたのです。

私はあわてて鍵を閉めにいき、ほかのふたりの部屋を見てまわりました。泥棒が隠れているかもしれないと、ドキドキしながら……。でも、幸いなことに誰も侵入したような形跡はありませんでした。とすると、あの足音や引き戸の音は……?

気のせいだと思いこんで、翌日ふたりが帰ってきても、その話はしませんでした。

ところが、同室のひとりが奇妙なことをいいはじめたのです。

「私、ここで昼寝してたら、変な夢を見たんだ。四十歳か五十歳くらいの知らないおばさんが、私のベッドの横に来て、ずっとうめいているのよ」

あの自殺した女の人だ! 私は直感でそう感じました。そして、事件のことをふたりに初めて打ち明けたのです。

私たちは、それから夜中になると、人の歩きまわる足音をたびたび聞くようになり、ほかの部屋でも窓ガラスに女の人の顔が張りついているのを見たとか、自分の枕元を足音だけがぐるぐるまわっているといった、恐ろしい思いをする人が増えていきました。

いつしか事件は寮生全員が知るところとなって、亡くなった人の霊がさまよっているのだと噂されるようになりました。噂は半年たっても消えることはありませんでした。

初めは噂を否定していた管理人さんですが、寮生の声に押されるように、霊能者のところを訪ねたそうです。そこでいわれたことは、寮が建っている場所が東京大空襲のとき、遺体を焼いた場所だったので、自殺した女性も何かに呼ばれたのだろうということでした。

管理人さんがもらってきたお札を寮生がそれぞれの玄関に貼った夜のことです。

みんなが寝静まった真夜中、「コツコツ……コツコツ……」という足音が聞こえてきました。耳を澄ませると、足音は何度も、階段を上ったり、下りたりしているようでした。

いったい、何……？

そう思ったとき、

「ガーン！」

玄関の戸を力まかせに叩く音が響きわたりました。

同室の友達と飛び起きて、玄関に出てみると、ほかの部屋の人たちもみんな飛び出してきたところでした。十以上ある部屋のドアがいっせいに叩かれたのです。そして、表には人っ子ひとり、いない……。

お札を貼られて悔しかったのでしょうか。

その夜から、奇妙な足音や物音はしなくなりましたが、私は、寮を追い払われた霊は、まだどこかをさまよっているような気がします。

いまでは、寮は廃寮となり、この話が語り継がれることもなくなりました。

## お盆の夜の「三人の黒い人」——中川由実子(仮名・四十六歳)　岐阜県

それは関西にある、関西の人なら誰でも知っている山の断崖に建てられた有名なホテルでの出来事です。

いまは亡き父の引き出しを整理していたら、ホテルの部屋に備えつけられていた絵葉書が出てきて、あの日のことを鮮明に思い出したのです。

夏のお盆の一日をホテルでゆっくりすごそうと、私たちは総勢十人で出かけたのでした。

暑さのなかをホテルのロビーに到着したときは、冷房の涼しい風にホッとしたものの、観光ホテルにしてはどんよりとした陰気な感じがすると思ったことを覚えています。

部屋は三部屋予約してありました。山肌から突き出しているような作りの部屋からは、山林が見渡せ、とても眺めのいい場所でした。そのいちばん角《かど》の少し大きめの部屋に両親と祖母、つぎの部屋に兄と義姉と姪、そして三つめの部屋に私たち夫婦と子供ふたりが落ち着くことにしました。

夕食後はみんな父たちの部屋に集まると、もう布団が敷かれていたのですが、大人たちは久しぶりにおたがいの近況を語り、子供たちは布団の上で転げまわって遊んでいました。

夜も更けてきて、それぞれの部屋に帰ろうというときになって、母が「由実子の部屋には布団がちゃんと四人分敷かれているか」と聞くので、私たちの部屋は三人分しかなかったので、もうひとり分増やしてもらったというと、

「ああ、由実子んとこと、間違えたんやな。ここに四人分あるからへんやと思たんや」

父と母は安心したように、顔を見合わせていました。

次の日、朝食前に父の部屋に行くと、父は窓際の椅子に腰かけて、タバコを吸っていました。こちらを見て、にこっと微笑みましたが、顔色が少し白かったような気がします。

母が話しはじめました。

「昨日の夜、気持ち悪いことがあってな、みんなのとこは大丈夫やったか？　寝るときに、布団に入ろうとしたら、あちこちに血がついてて、子供のひっかき傷でもついたんかなといってたんやけど、布団もひとり分よけいに敷いてあったし……」

何があったのか、父の顔を覗きこむと、父はボソボソ話しはじめました。

「昨日、寝てたら、へんなことがあったんや。そこの押し入れの右のほうの戸がスーッと開いてすぐ閉まって、また開いて、閉まって、今度は左の戸がおんなじように開いて、閉まって、また右のほうが開いたら、人が三人出てきて、わしの寝てる足元でなんかコソコソしゃべってるんや。それが上から下まで真っ黒なんやで。そしたら今度、わしの顔の上に雑巾みたいなものをベチャッと載せて、わしのまわりでヘラヘラ笑ってるんや。『何をするんや。やめろ』と、はねのけようとしても、ヘラヘラ笑ってるんや」

父は何かをはねのけるような真似をしました。

「それが、外が少しだけ明るくなってきたら、急に三人ともスッと足元を通って部屋の入口から玄関のほうへ出ていったんや。こんな夜中に誰や、と思て、追いかけたけど、誰もいてへんかった。それで、ここでタバコを吸ってたら、だんだん夜が明けてきたんや」

父は、話し終えると、また一本タバコを取り出しました。

押し入れのなかを覗いて見ましたが、何の変哲もない普通の押し入れで、もちろん、人が出入りすることなど考えられませんでした。

その後、私の最愛の父は一度治っていた癌が肺のほうに転移し、入院。四人部屋にいましたが、お掃除の人が来て、少しのあいだ部屋から出ていてほしいといわれ、母が廊下に出ていたちょっとのあいだに心臓麻痺で他界してしまいました。誰も想像していなかったあっけない死でした。

「幽霊になってでも出てきてほしいのに、来てくれへん。いい人は早く死ぬんやなあ」

といっている母も、もうとっくに父の年齢を超えてしまいましたが、父の分まで長生きしてほしいと毎日願っています。

## 姿の見えない入浴客──柴崎明美（仮名・二十八歳）　山形県

私は現在フリーランスでライターをしていますが、会社員時代、少なくとも月に二、三回は地方への出張がありました。おなじ地域に行くことも少なくなく、栃木県に行ったときはT旅館、三重県に行ったときはHホテル、福岡県ならAホテルというふうに、宿泊先はだんだん自分の気に入ったところに限定されるようになりました。

山形県のある地方都市に頻繁に行くようになると、そこではかならずFホテルに泊まるようになりました。そこは新しく、シングルの部屋にもクイーンサイズのベッドがあってゆったり休むことができたのです。そして、何より温泉が魅力でした。

Fホテルが落成してから、すぐに常連客になった私ですが、仕事が長引くことが多く、ホテルにチェックインできるのはいつも深夜になってからでした。仕事のあとのお酒も入っていますから、夜はそのまま休んで、入浴は早朝に、自分の部屋のシャワーですませることになりました。

しかし、やっと念願の温泉を楽しめる日がきました。仕事が早く終わり、十時には部屋に入ることができたのです。少しだけお酒を飲んでいましたから、冷たい水を飲んで、しばらくテレビを見てから温泉に行くことにしました。テレビに気を取られ、このときはもう午前〇時をまわってしまっていました。

温泉は私が宿泊している階にありました。客室がつづく廊下を歩き、エレベーターホールをすぎたところにあります。

和風な雰囲気で「女湯」と書かれた暖簾《のれん》をくぐり、引き戸を開けると、がらんとした誰もいない脱衣所がありました。そこには大木があって、その横に温泉の由来のようなものを書いたプレートがありました。

「ビジネスホテルとは思えない。なかなか、よさげ……」

独り言をいいながら、脱衣所で服を脱ぐと、タオルを手に温泉に入っていきました。

脱衣所と温泉を仕切る引き戸は、上が磨りガラス、下から三十センチほどが透明ガラスになっています。

なかに入ると、誰もいないのに一番手前のシャワーが出しっぱなしになっていました。勢いよく出るシャワーの先には、きちんと桶と椅子が並べてありました。

人がいないのにシャワーが流れっぱなしなのですから、普通なら栓を閉めるという行動をとるはずですが、私はなぜか、そのまま五つほど離れた場所に桶と椅子を持っていくと、身体を洗いはじめました。そして、タオルをぎゅっと絞ると、浴槽の脇に置いて、ゆっくりと温泉の湯のなかに身体を沈めました。

湯気が立ちこめるなか、顔を上げると、天窓があって、少しだけ外の景色が見えます。

身体をめいっぱい伸ばそうとした矢先、脱衣所に人の気配を感じて、左後ろを振り返ると、ガラスの向こうに数人の足が見えました。小さい子供の足も見えます。

しかし、その数秒後、「ビクッ」と身体が大きく波打ち、私の身体は熱い温泉の湯に浸かっているにもかかわらず、サーッと全身に鳥肌が立ちました。鳥肌ははっきり見えるほど、手足に浮き出ています。

なぜって……。ある事実に私は気がついたからです。

温泉と脱衣所を仕切る引き戸を通るとき、下のほうに足が見えました。それならば、磨りガラスに人影が映ってもいいはずです。ところが、脱衣所には何の影もないのでした。

すぐに飛び出して逃げたい気持ちに駆られました。でも、怖がったり、大声を出したりすると、私の周囲に近づきつつある無数の「何か」に襲われそうな気がして、私は動くことができませんでした。

「怖がってはいけない、つけこまれる」

私は心のなかで何度も繰り返しました。

温泉内には「シャーシャー」と流れるシャワーの音が響いています。

もしかしたら……。シャワーは「誰か」が使っているから閉めなかったので、いまも「誰か」が使っているのではないか。私は、そう思い当たりました。

やがて、無数の「何か」が浴室に入ってくる気配を感じ、身体がゾクゾクしてきました。これ以上湯船のなかにいると、見えない誰かといっしょに温泉に浸かるという事態になってしまいます、私はゆっくり静かに立ち上がりました。

シャワーの出ている場所はなるべく見ないようにして、脱衣所に行き、濡れた身体のまま、衣服を着ました。

やっとの思いでホテルの廊下に出るための引き戸を開けたとき、脱衣所と温泉のあいだの引き戸が音をたてました。

「ピシャリ……」

廊下に出た私は自分の部屋まで走りました。

その途中、いっしょに仕事をしている男性スタッフのひとりと廊下でぶつかりそうになりました。

「どうしたの？　髪がびっしょりじゃない」

「……いまから温泉に行くの？」

「遅くなったけど、ゆっくり浸かってこようと思って」

そういう男性に、私は温泉で起こったことを話しました。半信半疑ではありましたが、彼は温泉には行かず、そのまま、自分の部屋に引き返していきました。

もちろん、それ以来、Fホテルに泊まることはありません。

# 第五章　世にも不思議な怖い話

## 「じゃあ……、また来るね」

――吉田美樹(仮名・二十二歳) 千葉県

あれは、小学校六年生の卒業式を目前にした日のことでした。

その日は卒業式の予行演習のため、六年生は全員、体育館に整列していました。私はいちばん左側の列の中央に立っていました。

「背筋を伸ばして！　頭を一ミリも動かすんじゃないぞ！」

いつも厳しい先生が大声で叫ぶので、私はすぐ前に立っている玲ちゃんの頭をじっと見つめていました。みんな緊張していて、微動だにしません。なにしろ、少しでも動くと、先生が飛んでくるのですから。

しかし、そんな緊張感のなかで、私は何かが左のほうで動いているような気配を感じました。私がいちばん左側にいるのですから、人がそこにいるわけはないのです。

頭を動かさないように気をつけながら、そーっと目だけ気配のほうに向けてみました。四〜五枚重ねられた長方形のマットの角が目に入りました。やはり、そこに何かユラユラと動くものがあります。

もう少しで見えるのですが、なかなか視界に入ってきません。私は思いきって、頭を少しだけ左のほうに振ってみました。

すると……、マットの上に四、五歳くらいの白いワンピースを着た子がちょこんと坐って、足をユラユラさせています。その子は、みんなのようすを見ながら、ときどき微笑んでいました。

下級生は授業中でしたから、体育館にいるはずはありませんし、小学生にしては小さい子です。

〈誰かが妹を学校に連れてきたのかなあ？　あとで、話しかけてみよう〉

そう思った私は、前の玲ちゃんに小さな声で、

「マットのところに、見て！　女の子がいるよ」

と、囁《ささや》きました。

玲ちゃんも先生の目を盗んで、素早くマットのほうを見ましたが、

「いないよ」

という返事です。

そんなはずは、と思ったとき「五分休憩！」と、先生の声が響きました。

私はすぐにマットのほうに身体を向けましたが、そこには、さっきまで坐っていた女の子の姿はありませんでした。

いったい、あれは誰だったんだろう、と思いながら、私は最近、みんなが話している噂話を思い出しました。それは、とても不思議な話でした。

「体育館の後ろに飾ってある版画のなかに、女の子がいたんだよ。前の日までいなかったのに……。それで、次の日見ると、またいなくなっていた」とか、「キャンプファイヤーの絵にも、いつもいない女の子がいるのを見た人がいるらしいよ」といった話でした。

それが「女の子」に関する噂だったので、なんだか、ゾクッとするものがありました。

それでも、何事もなく卒業式の練習を終え、家に帰ると、食事のあと、いつものようにテレビを見ていました。

「早く、お風呂に入りなさい」

母の言葉に急かされて、いやいやながら、私は自分の部屋に戻って、パジャマを出そうとタンスの引き出しに手をかけました。

その瞬間、「クイッ！」と誰かにセーターの裾をひっぱられました。

驚いて振り返ると、あの体育館で見た女の子がにこにこ笑いながら立ってます。いつの間に、どうやってこの部屋に入ってきたのか、まったくわかりません。呆然と立ち尽くしていると、

「遊んで……」

と女の子はいいました。

いいえ、いったと思うのですが、それは耳に響いてくる声ではなく、空気を伝わって私の身体に響いてくるような言葉でした。

「だ、誰……？　何……？　これ」

私は、その子の手を振り払おうとしました。

すると、セーターを持つ手にもっと力がこもりました。

「遊べないの。ごめんね！　遊べないよ！」

私は夢中で女の子にそういいつづけました。

「じゃあ……、また来るね……」

女の子はいままで笑っていた顔をひきつらせ、凍るような冷たい目で私をにらみつけると、フッと消えてしまいました。

あの、体育館で見た女の子に違いありません。

〈あとで、話しかけてみよう〉

と私が思ったばっかりに、ここまでついてきてしまったのです。

あの出来事があってから、もう十年も経つのですが、私はいまだに「じゃあ……、また来るね……」といった女の子の声を忘れることができません。

そういえば、このごろ、夜中になると廊下から、小さな足音の聞こえてくる日があるのです。

## 連れ帰ってしまった霊――永木佳恵（仮名・二十八歳）　茨城県

数年前の夏休みのことです。
私は親友の奈美と彼女の兄の明良さんの三人で海水浴に行きました。早朝に出発して、海まで四時間近くも車を走らせ、たっぷり泳いだあと、またおなじ道をドライブして帰ったので、家に向かうころにはもう深夜になっていました。

明良さんは少しでも早く帰れる道をと思ったのか、渋滞しているメイン道路をそれ、脇道に入っていきました。いままでに通ったことのない道です。そこは田圃のなかの農道で、見晴らしはいいのですが、車と車がすれ違うのはやっとといったくらいの道幅しかありませんでした。

しばらく、その道を走っていたのですが、急にオーディオの音が「プツン」と切れて、車内がシーンと静まり返りました。

「いやだ。こんな暗い道で、なんだか怖いよ」

　奈美がそういったときです。

「コンコン……コンコン……」

と、何かが車のボディを叩くような音が響いてきました。

私たちは会話をやめ、耳を澄ませます。

　すると、

「コンコン……コンコン……」

それは、頭の上から聞こえてくるようでした。

私はそういったのですが、明良さんは「いや」というふうに首を振ると、アクセルを踏
「停めてみる？」

みこみました。

　ところが、明良さんがスピードを出そうとしたとたん、車は「プスン」と止まってしまったのです。こんな暗い道で故障なんて……。あたりに人家はないし、私は恨めしげに明良さんの横顔を見ました。

　明良さんはすぐに車を降りると、ボンネットを開けてなかを点検しましたが、どこにも問題はないようでした。

「どうする？　携帯で誰か呼ぶ？」

運転席に戻ってきた明良さんにそんなことをいっていると、遠くのほうから、タクシーらしい車が近づいてきました。

私たちは手を挙げて、合図をし、タクシーを止めて運転手さんに事情を話しました。親切な運転手さんは、もう一度ボンネットを開けて点検をしてくれ、「どこも、おかしくないなあ」といいながら、キイをまわしました。すると、不思議なことにさっきまで動かなかったエンジンが元気よく音をたてたのです。

いったい、どうしたことでしょう。おかしいとは思いましたが、とにかく車を動かせるのですから、運転手さんにお礼をいって、窓を閉めようとしました。

そのとき、運転手さんは、

「きみたち、スタントマンごっこなんかするなよ。屋根の上は危ないぞ」

と妙なことをいったのです。

なんのことだろうと思っているあいだに、タクシーは行ってしまいました。

私は助手席の窓を開け、身体を乗り出すようにして屋根の上を見たのですが、もちろん、誰もいるはずがありません。

「やめとけよ」

いつになく、不機嫌そうな明良さんにひっぱられるように助手席に坐ると、すぐに車は動きだしました。

そして、私と奈美がそれぞれの家に送ってもらった、その夜のことです。

くたびれていたので、すぐに寝てしまおうと洗面所に行った私は歯磨きをしながら、ふと鏡を見て、声をあげそうになりました。

私の後ろに青白い顔をした男の人が映っているのです。

「いやあ!」

叫び声を聞いて、母が飛んできました。

しかし、そのときには鏡はなんの変哲もない普通の鏡になっていたのです。

母は、「疲れているから、幻覚を見たのよ」と笑って信じてくれません。

ところが、その直後、奈美が泣きながら電話をしてきました。

「鏡に……鏡に……変な男の人が……」

といって。

私はもしかして、と思い、明良さんに電話をしました。すると、私の話を聞く前に、明良さんはこういったのです。

「鏡……見るなよ」

さすがに私の両親も笑っていられなくなりました。

朝になるのを待ちかねたように、私たち三人を連れて知り合いの霊能力者のところに行きました。その人は私たちを見ると、すぐに、

「どこかで地縛霊を拾ってきたようだ。心当たりはないか」

といいます。

あのときしか考えられませんでした。

突然止まってしまった車……。タクシーの運転手さんの言葉……。

お祓《はら》いをしてもらってから、みんなであの場所に行ってみました。

すると、あのときには気がつかなかったのですが、道の脇に線香と花束が置かれていたのです。交通事故で亡くなった人を供養しているに違いありません。

私たちはみんなで手を合わせました。

そのとき、明良さんがポツンといいました。

「実は、俺、見ちゃったんだよな。運転席のフロントガラスに、血だらけの手がスーッと降りてくるのを……」

どうして、明良さんにだけ、そんなものが見えたのか、わかりません。

でも、あの場所で手を合わせて以来、不思議なことは起こっていません。

# 赤いジャケットの女――大崎ミナ（仮名・三十歳）　東京都

私は不気味な気配というのはわかるのですが、幽霊を見たことはありませんでした。あの日までは……。

そのころ、私はホステスをしていました。

遅刻していくのは嫌いだったので、私はたいてい店にいちばんに入っていました。その日も、出勤時刻より三十分も早く店に着き、奥の小さなロッカー室に向かいました。狭い部屋ですが、着替えをしたり、化粧直しをしたりするために、みんな交代で使います。

ロッカー室のドアを開けると、真ん中の小さなテーブルの前の椅子に赤いジャケットを着た若い女の子がひとりで坐っていました。肩を落として、俯《うつむ》いていたので、私は挨拶もせず、店のカウンターに戻りました。そして、カウンターの椅子に腰掛けて化粧直しを始めたのです。

数分もしないうちに、スタッフのひとりが店にやってきて、「珍しいね、今日はここで化粧？」と聞くので、私は「うん、ロッカー室に女の子がいるんだもん。面接に来たのかなあ。知らない子だよ」と、答えました。

スタッフは何もいわずにロッカー室に行ったようでしたが、すぐに戻ってきて、顔をしかめました。

「ねえ、怖いこといわないでよ。ロッカー室に女の子なんていないよ」

といいます。

そんなはずはありません。

ほんの数分前、私はこの目ではっきりと赤いジャケットの子を見たのですから……。ロッカー室への出入口は店に通じる一カ所しかありませんから、ほかから出たり入ったりできないのです。

「いるわよ、絶対」

私は、自分で確かめにいったのですが……誰もいませんでした。

おかしなこととは思いましたが、見間違いと自分に言い聞かせるほかありません。その日は一日いやな気分でしたが、二、三日もすると、そんな奇妙なことはすっかり忘れていました。

しかし、そのころから夢を見るようになりました。

暗い場所に私がひとりポツンといる夢です。

いちばん初めの夢は、音もしない静かで暗い部屋にひとり坐っていると、何かが遠くから近づいてきます。初めは、音もなく、小さな白い影が遠くに見えると思っていたら、それがだんだん近づいてきて……。そこで、目が覚めました。

つぎの夜、私はまたひとりポツンと暗い部屋に坐っていました。白い影が近づいてきます。一歩ずつ、一歩ずつ……近づいてくる足音が聞こえます。……目が覚めました。

そして次の日、私はまたひとり坐っている夢を見ました。今度は、近づいてくる白い影に色がついていました。真っ赤です、赤いジャケットを着た女の人が、まっすぐに私に向かってくるのです。もうほんの数メートルのところまで来ました。

ここで目が覚め、びっしょり汗をかいていた私は寒くもないのに、ガタガタと震えました。

もう、ひとりで眠ることに耐えられなくなった私は、友人にわけを話して、彼女の家に泊めてもらうことにしました。ふたりで夜遅くまで話をし、温かいホットミルクを飲んで、枕を並べて眠ったその日は、朝まで夢を見ることもなく、ぐっすりと眠ることができました。

友人の家に三泊し、ようやく気分も落ち着いたので、私は久しぶりに家に帰ることにしました。四日ぶりの自宅だったので、ゆっくりしようと、早めにお風呂に入り、十二時前にはベッドに横になりました。留守のあいだ、お隣に預かってもらっていた猫も安心したように私の横で喉を鳴らしています。

いったい、どのくらい経ったでしょう。

「フーッ！」

という猫の声に、私は目を覚ましました。

いつもはおとなしい猫が毛を逆立てて、背中を丸めています。

何かがいる……そう思ったとたん、私の身体は動かなくなっていました。横になっている位置からは何も見えません。でも、何か、いるのです。ベッドの足元のほうに……。

なんとかして身体を動かそうともがいていたそのとき、急に何かが私の膝に触れてきました。

そして、

「ねえ……ねえ……ねえ……」

といいながら、私の膝を左右に揺すりはじめたのです。

「ねえ……ねえ……ねえ……」

氷のような手が、私の膝を「ギュッ」と摑《つか》んだまま、揺すりつづけます。

恐怖に気を失いかけたとき、猫が「フーッ」ともう一度暗闇に向かって声をあげました。

その瞬間、身体が自由になったのです。私は飛び起きて、ヘッドボードのライトのスイッチを押しました。

明るくなった部屋のなかには、猫以外、誰もいませんでした。

その日のうちにお寺に行って、お札をいただき、ベッドの頭と足のほうに一枚ずつ貼りました。それからは、あの夢を見ることも、赤いジャケットの女の人を見ることもなくなりました。

でも、やはり不安なのです。

あの女の人は、本当に私のそばからいなくなったのでしょうか。

## 心霊スポットの「怒り」——大野洋介(仮名・四十五歳) 埼玉県

これは私たちが十八歳の夏に体験したことです。

そのころ、毎週土曜日の夜に集まって、世間の迷惑など考えもしないで深夜の街を暴走し、その後「たまり場」と呼ばれる友達の家が経営している店に集まるのが習慣になっていました。

あの日も、好き勝手な暴走を終えて、いつもよりは少ない八人で「たまり場」に行きました。時刻は午前二時ごろ。集まって話すことは、バイクのことや女のことばかりでしたが、その夜は「心霊スポット」のことを話しはじめた奴が出てきました。

暴走族がオカルトの類《たぐい》でビビっているわけにはいきません。なかには、幽霊話に弱い奴もいたに違いありませんが、みんな「つまんねえな」という顔をして聞いていました。

やがて、話を始めた奴が「近くの心霊スポットに行こう」といいはじめたのです。

そこは戦争で死んでしまった人たちの「無名戦士の墓」でした。ふたり一組で山の斜面にへばりつくように延びる階段を上って、墓の前で写真を撮ってくるという、他愛ないゲームをすることに決まりました。

「無名戦士の墓」のある小高い丘のような山の下に着いたときは、あたりは嘘のように静まり返って、隣の奴の息づかいさえ聞こえてくるほどでした。私は一瞬、来てはいけないところに来てしまったと感じたのですが、みんなの手前、そんな素振りを見せることはありませんでした。

八人をふたりずつの四グループに分け、ジャンケンで順番を決めると、途中で買ったインスタントカメラを持ってゲームを始めました。

まず、最初のふたりが階段を上りはじめたのですが、中段まで行くと、急に駆け下りてきました。

「機関銃を撃つような音がするんだよ……」

「やばいぜ！」

ふたりの動揺があまりにも激しいので、つぎに行かなくてはならない私たちは、最初から恐る恐る階段を上りはじめました。私は最初の一歩を踏み出したときから、すでに頭が重くなり、隣を歩く友達の顔も心なしか青ざめて見えました。

問題の階段の中段あたりで、

「……ほんとに、聞こえるよ……」

友達にそういわれなくても、機関銃の音、足音、うめき声に似た声が……。身体じゅうに鳥肌が立ち、震えが止まらなくなって、いままでに経験したことのない恐怖を感じた私たちは、階段を駆け下りようとしました。そのときです。

「クルナア～……」

苦しそうな男の声が、たしかに聞こえてきました。

私たちは仲間のところまで駆け戻ると「やめたほうがいい」「もう、帰ろうぜ」と口々にいったのですが、第四チームの奴らはあきらめきれないようで、特にリーダーの伊藤は「どうしても行ってみる」といって聞かないのです。

ふたりとも「もともと霊感は強いんだ」と、平気な顔をして階段を上りはじめました。

後ろ姿を見ていると、途中で戦争の真似などをしていましたが、徐々にその声も届かなくなりました。やがて、頂上からカメラのストロボだけが何度か光りました。

しばらくすると、ふたりは「何もなかったぞ」と楽しそうに下りてきました。

そして、それぞれに家に帰ったのですが、本当の恐怖はこのあとに襲いはじめたのです。

早朝まで遊んだので、その日は夕方まで寝ているつもりでした。ところが、昼ごろ電話の音に起こされました。伊藤からでした。

「なあ、すぐ来てくれないか。左手が動かないんだよ……」

起き抜けの耳に、切羽詰まったような声が流れてきました。

普段とあまりにも違う様子だったので、私はすぐにバイクにまたがって伊藤が住んでいるアパートに行きました。そして、いつものように窓の下でクラクションを鳴らしたのですが、姿を見せる気配はありません。しかたなく部屋に行ってみると、伊藤は坐りこんだまま、

「わりいな。あれから、左足も重くて歩けないよ……」

といいます。

私はバイクの後ろに乗せて、病院に行こうかと考えたのですが、バイクに乗るのさえ、無理な状態のようでした。伊藤の家から「たまり場」までは十分ほどの距離です。そこに

行けば、車を持っている奴がいるはずでした。

私は伊藤に「しばらく待ってろ」と言い残して、「たまり場」に急ぎました。運よく、昨夜いっしょに行動した奴らも来ていたし、車もあったので、わけを説明して、私たちは伊藤のアパートに向かうことにしました。「あとで。車のなかで見るよ」といって、私も自分のバイクをおいて友人の車に乗りこみました。

車のなかで、手渡された写真を最初に見たのは、私でした。

「なんだよ……これ……」

階段の頂上でポーズをつけている伊藤……。その左側に顔が写っていたのです。しかも、ひとつだけではありません。大きい顔、小さい顔……いくつもの青白い顔が……。「怒り」以外の何ものでもない表情を浮かべた顔、顔、顔……。

伊藤の手足が動かなくなったのは、もしかしたら、このせいか……？

車のなかはシーンと静まり返っていました。

やがて、伊藤のアパートに着き、みんなで部屋に飛びこんだのですが、伊藤は明らかに普通ではありませんでした。

手足の麻痺がひどくなったとか、そんなことではないのです。

「クライアナノナカ……ノコサレルノカ……コロシテクレエ……」

焦点の定まらない目で、わけのわからないことを呟《つぶや》いています。私たちがいくら呼びかけても、身体を揺すっても、正気に戻りません。

「これ、お祓《はら》いしたほうがいいんじゃないか」

ひとりの提案に、私はすぐ近くのお寺に連絡をとってみました。住職さんは「できることはしてあげるから、全員で来なさい。それから、写真もネガも忘れずに持ってきなさい」といいます。

お寺に向かう車のなかでも、伊藤は、「ココデシヌノカ……シニタクナイ……カエリタイ……」と、しきりに呟いています。

しかし、だんだん声は小さくなり、身体の力が抜けてぐったりしてしまいました。支えていないと、車の揺れにまかせて窓に何度も頭をぶつけるような状態でした。

お寺に着いて、伊藤をおぶって本堂に入ると、住職さんは厳しい顔をして、私たちと昨夜の写真を見比べていました。

「あなた方は先祖を馬鹿にしたのです。しかも、自分の身を犠牲にした人たちをです。亡くなった方々の犠牲の上に自分たちが生きていることを忘れてはなりません。手を合わせて心から謝りつづけなさい」

住職さんはそういうと、お経をあげながら、私たちのまわりをまわりはじめました。

それが三十分ほどつづきました。

伊藤はぐっすり眠りこんでいるようで、ピクリともしません。

やがて、住職さんは札《ふだ》を焼きながら、お経を唱え、つづいて写真とネガを炎のなかに投げこみました。住職さんの額には玉のような汗が流れていました。

伊藤は相変わらず眠ったままです。

「寝かせておいてあげましょう。そのあいだに話をしておきます。私たちがいま、平和に暮らすことができるのは、平和を心から願い、そのために自分の命をなげうった人たちがいたからです。そのことを忘れてはなりません。亡くなった人たちも、本当は死にたくなかったのです。けれど、死ぬことで平和を取り戻そうとした。そんな先祖の夢であった平和を、あなたたちが守ってください」

住職さんの話は、私たちの心にしみました。

好き勝手に生きてきた私たちにとって耳の痛い言葉でしたが、いまも心に残る言葉です。

その後、三時間ほど眠りつづけた伊藤は、お寺で目覚めたことに驚いていましたが、自分がどんな状態だったのか、まるで覚えていないのでした。左の手足が動かなくなっていたことすら、覚えていませんでした。

「心霊スポット」が遊びで終わらないことを、身をもって知った恐怖の出来事でした。

## あのとき、私の隣に寝たのは……

――柏木麻子(仮名・三十一歳) 奈良県

この話は、私が高校二年の夏、クラブの合宿所で体験した出来事です。

高校一年生のときは家庭の事情で合宿に参加できませんでしたから、二年生の夏が、私にとって初めての合宿となりました。

私が入部していた吹奏楽部は毎年、奈良県にあるお寺で合宿をします。

約六十名のクラブの友達といっしょにバスに乗り、合宿所に向かっているときは、うきうきしていたのですが、山のなかをずいぶん走ったころ、私は突然、いやな冷たい汗をかきはじめました。そして、この場所はいやだ! と思ったのです。

つぎの瞬間、「着いたよ!」という先輩の声に寒けまでしてきました。

よりによって、私がいやだと思ったところが目的地だったなんて……。

私は子供のころから、人には感じないような空気を感じたり、ときには見るはずのないものを見たりしていましたから、自分が霊感体質だということを知っていました。ですから、よけいに気が重くなったのです。

細い山道を登り、長い階段を上がりきったところに、そのお寺はありました。

さっそく荷物を置き、練習のための楽器や楽譜を用意していると、ふと隣の部屋が気になりはじめました。気になると、どうしても確かめずにはいられません。私は部屋を仕切っている襖《ふすま》を開けてみました。すると、そこは仏様を囲むようにして何十もの位牌が置かれている仏間だったのです。

〈だめだ……。何かが起きる……〉

私はそう感じながらも、みんなに混じって練習を始めました。

しかし、どうしても集中することができません。さっき見た位牌や、外に並ぶ墓石が気になってしかたがないのです。

こんな場所をどうして合宿所にしてしまったのか、恨みがましく思っているとき、突き刺さるような異様なものを感じた私は、墓石のほうへ目を走らせました。

生首……？

ひとつの墓石の上に人の首が載っているではありませんか。驚きのあまり声も出ない私に向かって、生首の口だけがモゴモゴと動きました。そして、ゆっくり私のほうに顔を向けると、いきなり「ニタッ」と笑って、つぎの瞬間、長い髪を揺らして「バサッ」と下に落ちたのです。

「ギャアー！」

私は叫び声をあげ、まわりの人たちは大慌てで肩や背中をさすってくれましたが、みんな、私が霊感が強いことを知っているので、理由を聞こうともしませんでした。何を見たのか、聞くのが怖かったのでしょう。

そっと目を上げると、さっきの墓石には太陽の光がさしていて、生首は消えていました。

その夜、食事と入浴を終えると、大広間にはぎっしりと布団が敷かれて、みんな寝る準備にとりかかっています。

不安だった私はなるべく中央の位置に、自分の布団を確保し、近くには仲良しの友達に来てもらいました。布団は人数分敷かれたはずなのですが、ふと見ると、なぜか、私の左隣の一組だけが空いています。つめてもらうようにいおうと思ったのですが、右隣も頭のほうも仲のいい友達がいましたから、まあいいか、と思って横になったのでした。

どのくらい時間が経ったのかわかりません。

ふと目を覚ました私は、冷たく張りつめた空気を感じました。物を落とすと「カーン」と鳴り響くような冷たい空間が広がっています。

私はこの凶々《まがまが》しい空気を知っていました。いつも霊を見るときに感じる空気です。

〈来る……！〉

そう思って、私は目を閉じました。

すると、大広間の右にある窓から、何かがスーッと入ってきました。目を閉じていても、私は身体じゅうで「それ」を感じていました。

みんなのあいだを通り抜けて、私のほうに近づいてきます。それは迷うことなく、私の左側の空いている布団のなかに潜りこみました。

〈あっち へ行って……！〉

心のなかで念じながら、私は逆側にゆっくり寝返りをうち、じっと歯を食いしばっていました。

すると、左側のそれが布団ごと大きく動く気配を起こしたので、私は驚いてパッと目を開けたのです。すると、右に寝ていた友達も同時に目を開けました。

目と目が合うと、友達はにっこり笑って……、その口がググググ……と、耳まで裂けていったのです。

そのまま気が遠くなった私には、そのあとのことはわかりません。気がついたときは、広間に朝日が差しこんでいました。

ガバッと飛び起きて、まわりを見ると、私の「左側に」友達が眠っていました。普通の口の何の邪気もない友達の顔です。そして、私の「右側の」布団は、誰かが抜け出していったような形のまま、もぬけの殻になっていました。

いったいどこで間違ったのでしょうか。もともと私が友達のどちら側に寝たのかさえ、確信がもてません。ただひとつわかっているのは、余っているはずの布団に「誰か」が潜りこんだということだけでした。

## 凶事を招く「怖い話」――松野和人（仮名・二十九歳）埼玉県

これまでに何度も、自分の身に起こった話を伝えたいという気持ちがありました。しかし、私が口を開くと、かならずといっていいほど、まわりの人や場合によっては自分自身に不幸なことが起こるのです。だから、これまで、私は我が身に起こったことを封印してきました。

きっかけになったのは中学生のときに自殺の現場に出くわしたことだと、いまでは思っています。それ以来、不思議な出来事が起こるようになったのですから。

二十一歳のときでした。早朝自転車に乗っていると、いきなり後ろから首をひっぱられるような感覚を覚え、逃げようとペダルをこぐ足に力を入れると、首は絞められたように苦しくなりました。無意識に手を首に当てると、絞めつける力はおさまったのですが、家に帰ったとたん、母に「何？　そのあと」といわれ、鏡を見ると、首に手の跡がくっきりついていたのでした。

このことが原因かどうかわかりませんが、私には不思議な力が備わったような気がします。

これから話すふたつの話は、本当は心のなかにとどめておかなければならないことなのかもしれないのですが……。

首に手形が残った不思議な出来事の一週間後のことです。

その日は夜勤だったのですが、午前一時をすぎたころから、どうしても気分が悪くなって早退することにしました。一刻も早く家に帰って横になりたいと、私は自転車で林のなかを走っていました。

いつもは、少し遠回りをしても通らない道でしたが、その日は早く帰りたいばかりに、踏切のあるその道を急ぎました。その踏切というのが、自殺の名所として有名だったので、極力、避けていたのです。

いま、考えると、なぜ？　と思うのですが、そのときの私は踏切のほうに行きたい、行かなくてはならないと思っていたような気がします。

林に入って、踏切までは、自転車ならほんの二、三分といった距離です。ところがどうしたことか、いつまでたっても踏切が見えてきません。熱帯夜のつづいていた時期で、汗をかいていたのですが、私は進むにつれ、その汗が冷たくなり、鳥肌まで立ってきたことを感じていました。

しばらくして、ふと時計を見ると、林に入ってからすでに一時間以上たっています。迷うような道ではありません。でも、そのときは、なぜか恐怖感というものがまったくありませんでした。

私は冷たい汗を拭きながら、どんどん進みました。

すると、目の前に踏切が現われました。この踏切さえ越えれば、林を通り抜けることができます。

もう少しで踏切というとき……遮断機が降りました。しかたなく手前で止まって、おや？　と思ったのです。腕時計の針は午前三時を指しています。列車が通る時刻ではありません。

けれど、遮断機が降りているのですから、前に進むこともできず、じっと佇《たたず》んでいたのですが……いくら待っても列車が近づいてくる気配などありませんでした。

遮断機の故障かなと思ったとき、スーッとそれは上がり、警報機の音も止まりました。ほっとして横断しようとしたときです。左のほうから、

「キィー……キィー……」

という、錆びついた金属をこすり合わせたような音が近づいてきました。

音につられて視線を向けると、線路の上に赤い三輪車が一台ありました。誰も乗っていないその三輪車は、風もないのに、ゆっくりゆっくりこちらに向かって動いているのです。

「キィー……キィー……」

私はとにかくその場から逃げ出そうとしました。

すると、遮断機がまた降りはじめたのです！　無我夢中で、降りる寸前の遮断機をくぐりました。

走って走って、ようやく少し明るいところに出て、そっと振り返ってみると、外灯があるにもかかわらず、踏切のなかだけ真っ暗で何も見ることはできませんでした。

翌日になって、この話を友人にしましたが、笑うばかりで信じてはくれませんでした。

そしてさらにその翌日、ニュースで、あの踏切で飛び込み自殺があったということを知ったのです。

数日後、私は、別の友人に真夜中の踏切の話をしました。今度は、半ば疑いつつも、あ

るいは……という反応で聞いてくれましたが、それより、その翌日が問題でした。また、踏切の飛び込み自殺がニュースになっていたのです。

二度話したことで、二度の自殺があった……。

それ以来、私は踏切の話をしたことがありません。

もうひとつの話です。

これは、私の自信と慢心が招いたことです。

私は仕事中に足に怪我をして、ある時期、家と病院を往復するだけというつまらない生活を送っていたことがあります。

そのころ、女子中学生が男に連れ去られるという事件があり、毎日のようにテレビのワイドショーを賑わせていました。一度、行方不明になる前の女の子の映像を見たことがあります。女の子は俯いて寂しそうな表情で映っていました。

なんとかならないものかと思った私は、以前に見たことのある心霊番組の招霊を真似て女の子を心のなかで呼んでみたのです。

私にはそんな力があったのだとしか思えませんが、ほどなく、女の子が私の前にきて坐りました。

やはり寂しそうな表情をしています。そして、やがて私の頭のなかに殺される直前の女の子の姿が映し出されました。

「……いま、どこにいるの？」

私は女の子に心のなかで問いかけました。

返事がありません。さらに問いかけようとした瞬間、

「バシッ！」

激しいラップ音とともに、頭上からハサミが落ちてきました。そのとき、私は部屋の真ん中にいて、頭の上には何かが落ちてくるような棚もなければ、その部屋にもともとハサミなどなかったはずです。

この話を数カ月後、会社の同僚にしました。

すると、翌日、同僚は心筋梗塞を起こして入院してしまったのです。

しまったという思いがありました。ですから、長いあいだ、黙っていたのですが、数年たってつい、友人におなじ話をしてしまったのです。

今度は……私自身がクモ膜下出血で倒れました。幸いにも処置が早く、命はとりとめたものの、数カ月間、頭痛に悩まされました。

この話を書いているいま、誰かに見張られているような気配を消し去ることができません。でも、投稿なら大丈夫だと信じています。

# べえちゃん、べえちゃん、どこ行くの

――田畑　稔（仮名・四十八歳）宮城県

私がまだ子供だったころに、たった一度だけ、母が聞かせてくれた忘れられない話があります。それは、幽霊や妖怪の話ではありませんが、この世の中には、人間の知恵だけでは割りきることのできない不思議な現象があるということを物語る内容でした。

母の実家は、宮城県北部の北上川に沿ったところにあります。

それは、母も子供のころの出来事ですから、いまからもう半世紀以上も前のことでした。母の実家のあるところは太平洋側で、いまでこそ大雪はありませんが、当時は真冬には積雪が数メートルになることも少なくなかったそうです。

十一人兄弟の下から四番めだった母は、すぐ下の妹と、よくおばあちゃんの布団で寝ていました。おばあちゃんはすでに八十歳を超えていて、体調もよくなくて、ほとんど寝たきりでした。母はおばあちゃんのことを「足は腕のように細くて、棒みたいだったし、子供でも抱えあげられるのではないかと思うくらい小さかった」といいます。

そのおばあちゃんの意識が、ある夜、突然、なくなりました。

意識のない昏睡状態は二日間ほどつづいて、家族の誰もが、もうほとんどあきらめていました。いつ最悪のことが起きても大丈夫なように、葬式の手はずも整えられていたそうです。

そして、それは三日めに起こったのです。

まだ夜の明けきらない時間、おばあちゃんの部屋から「ドスン、ドスン」という土間を踏みならすような音が響いてきました。初めは屋根から雪が落ちる音だと思いました。

ところが、家族がおばあちゃんの部屋に駆けつけて、明かりをつけてみると、なんと、おばあちゃんが丸めた布団をかつぎ上げていたのだそうです。そして、お祭りのときのように、大声を張りあげて歌いながら、片足でケンケンをするように踊っていたのです。

その肩にかつぎ上げられた布団は、敷き布団と掛け布団の両方で、二枚まとめてクルクルと端から巻いて、俵のようにしていました。

「べえちゃん、べえちゃん、どこ行くの。べえちゃん、べえちゃん、どこ行くの」

おばあちゃんは繰り返し、そう歌っています。

「べえちゃん」というのは東北弁で、牛のことです。

それを見ていた人は仰天して、しばらくのあいだは誰も何もできないで立ちすくんでいました。しかし、いつまでも、そのまま放っておくわけにもいかず、ひとりが止めようと身体を押さえました。ところが、おばあちゃんはいきなり、ものすごい力で、その人を振り払いました。

結局、押さえつけて布団に寝かせるために、三人の力が必要だったといいます。

布団に寝かされたあとも、おばあちゃんは、相変わらず「べえちゃん、べえちゃん、どこ行くの」と歌いつづけていたのでした。

家族は「もう臨終が近いから、きっとおかしくなったんだ」と話し合ったのですが、それは、間違いでした。

その日の夜、ふたたび「べえちゃん、べえちゃん、どこ行くの」が始まりました。

夕飯が終わって、みんながおばあちゃんの部屋に集まっているとき、高鼾《たかいびき》で眠っていたおばあちゃんが「パチッ」と目を開けて、すっくと立ち上がると、布団をクルクルと巻き、肩にかつぎ上げたのだそうです。そして、ふたたび「べえちゃん、べえちゃん、どこ行くの」と歌いだしました。

折れそうなほど細い足で、ぴょんぴょん跳び上がり、踊りつづけるのです。

おばあちゃんの「べえちゃん、べえちゃん、どこ行くの」は、一日に少なくても一回、多いときには三回も四回も繰り返されました。痩せ細って、自力で立つこともできなかったおばあちゃんが、布団をかつぎ上げ、大声で歌い、そして、大の大人をはねとばすようなことがどうしてできたのでしょうか。

それが一週間もつづき、ただでさえも細かったおばあちゃんの身体は、もう枯れ枝のようになってしまいました。そして、目やにで目も開かなくなり、周囲の人が気味悪く感じる形相になったといいます。

昔の、しかも田舎のことですので、「何かの祟《たた》りにちがいない」「よくないことが起こる前兆だ」と、近所の人たちも噂しはじめました。

ことに、母の郷里は稲荷神社が多く、「お狐様」がまつられていて、狐に騙された人の話も多かったものですから、「べえちゃん、べえちゃん、どこ行くの」も、狐の祟りといわれるようになりました。

母の実家だけではなく、村の人たちみんなが油揚げを甘辛く炊いて、稲荷神社にどっさりお供えし、何度も何度もお参りをしました。

すると、不思議なことにおばあちゃんの「べえちゃん、べえちゃん、どこ行くの」は、ピタリとおさまり、結局、おばあちゃんは数日で亡くなったそうです。

「こういう話はおもしろ半分で人様に聞かせるもんじゃないよ」

という母の言葉を守って、私は曾祖母のことは女房にも話していませんでした。

しかし、先日「狐つき」についての本を手に取る機会があり、それから、ずいぶんいろいろな文献を読んでみたのですが、「狐つき」の症例がいくつもあることに驚きました。

やはり、曾祖母には狐がついていたのだ、と確信しています。

普通に生活をしている人が、ある日突然、異常な行動をとる、それは珍しいことでもなんでもありません。周囲を見渡してみると、そんな人がいるのではないでしょうか。あなた自身が狐に魅入られることも、あるかもしれないのです。

## 霊が集うマンション――鷲尾典子（仮名・二十九歳）千葉県

世の中には霊が集まる場所があるといいますが、私たちが住んでいた家もそのような場所ではなかったのでしょうか。それは千葉県のとある町にあるマンションで、社宅暮らしの堅苦しさがいやになった両親が買ったものでした。当時、私は八歳、姉は十三歳。ふたりとも敏感な年齢でした。

最初の異変は、両親の部屋から起こりました、夜中にみんなが寝静まると「パシッ、パシッ！」という激しい音が鳴りはじめるのです。その音は私の部屋まで聞こえてきました。

私が怖がると、父は「建材が軋《きし》んでいる音だから気にすることはない」といって笑うだけでした。

けれど、しばらくすると、母が妙なことをいいはじめました。

「夜中に、ベランダを誰かが歩いているような音がするのよ、このごろ。お父さん、気がつかない？　ペタペタって……。リビングのほうから歩いてきて、私たちの部屋の外で止まってる気がするんだけど……」

夕食のとき、母がそういうと、父は、

「そんな馬鹿なこといって。よしなさい。子供が怖がるじゃないか」

と、少し困ったような顔をしました。

ところが、不思議なことは私たちの子供部屋でも起こりはじめたのです。

ある日、学校から帰ってみると、帰ってから食べようと思って楽しみに机の上に置いてあったチョコレートが消えていました。一瞬、お姉ちゃんかなと思ったのですが、中学生の姉はまだ学校から帰っていません。母に聞いても知らないといいます。

そんなある日のこと、私がパジャマに着替えて洗面所で歯を磨いていると、姉が後ろの廊下をスーッと通っていきます。私は歯ブラシをくわえたまま、姉の後ろ姿を目で追いました。すると、姉は暗いリビングに入っていったのですが、電気をつけようともしません。

「お姉ちゃん……」

急いで歯磨きを終わらせた私は、声をかけながらリビングに行ってみたのですが、そこには誰もいませんでした。

「うそ……！」

姉の部屋に走りました。

すると、姉は机に向かって勉強しているのです。

「お姉ちゃん、いま、リビングに行ったよね」

そう尋ねる私に、姉は呆れたように答えました。

「何、寝ぼけてんの。ずっとここにいたよ」

「………？」

それ以来、私は自分の家なのに、ひとりでいることが怖くてしかたなくなりました。母が留守のときは、誰か友達を誘って、いっしょに帰ってもらったりもしました。

その日も、母が出かけているというので、私は仲良しの女の子を家に誘ったのです。ふたりで、玄関の前に立ち、私がランドセルのなかから家の鍵を出そうとしているときでした。

「ゴトッ！」

閉まっているドアの向こうから、大きな音が響いてきました。

友達と顔を見合わせると、友達は「私、帰る……」といいます。私は怖くて、一所懸命友達を説得して、いっしょに家のなかに入ってもらうことにしました。

「ガチャ……」

ロックをはずして、そっとドアを開けました。

そのとたん、私の目に異様なものが飛びこんできたのです。それは、人間の白い腕でした。肘から先の真っ白い腕が玄関の壁からニョキッと突き出して、「おいでおいで」をするように動いたのです。

「ギャア！」

ふたりは悲鳴をあげて、逃げました。

もちろん、それ以降、友達は私の家には遊びにきてくれなくなりました。

私がどんなに説明しても、両親は「気のせいだから」と信じてくれないので、とにかく私は家のなかにいるときは決してひとりにならないようにしなければなりませんでした。

やがて、私が中学生になったときのことです。

朝起きて、服を着替えようと思って、クローゼットを開けたとたん、足元に置いてあったファンヒーターが「ガタガタ」と音をたてて揺れはじめました。とっさに、地震だと思ったのですが、よく見ると、揺れているのはファンヒーターだけです。

のです。そして、その洋服はまるで、いままで誰かが着ていたかのように生温かかったのです。

そういいながら、部屋から逃げ出そうとしたとき、クローゼットのなかから「ドンドン」と叩くような音がしたかと思うと、数枚の洋服が私に覆いかぶさるように落ちてきたのです。そして、その洋服はまるで、いままで誰かが着ていたかのように生温かかったのです。

そのころ、怪奇テレビが流行《はや》っていて、番組のなかで誰かが「霊にも体温がある」といっていた言葉を思い出して、背筋が凍りつくようでした。

なにより怖かったのは試験期間中でした。どうしても夜遅くまで起きて勉強することが多かったのですが、家族が寝静まると、急に肩が重くなり、誰かに見られているような視線を感じるのです。

ある夜のこと、私は疲れすぎたのか、どんなに頑張っても目を開けていることができなくなりました。「やばいなあ」と思いながら、机の上に突っ伏して、いつのまにか眠ってしまったようでした。

しばらくすると、部屋のドアが開きました。私はてっきり母が入ってきたのだと思いましたが、目が開きません。母は、部屋の電気を消すと、「眠ると、連れていかれるのに……」という声を残して出ていったのです。

お母さん……？

違います。それはもっとしわがれた、聞いたこともないような声でした。

私は全身が震えるほどの恐怖を感じながら、それでも起き上がることができす、とうとうそのままの姿勢で、朝を迎えてしまいました。

「お母さん、夕べ、私の部屋に来た？」

無駄な質問だと知りながら尋ねてみましたが、母はやはり私の部屋には近づきもしなかったということでした。

この出来事のあと、私たち家族は引っ越しました。

それからは、何も起こらないのですが、先日、全国を旅して歩いているという不思議なおじさんに呼び止められ、

「肩の上、何かついてますよ」

と、いわれました。

そういえば、私はずっと右肩に鈍い痛みを感じつづけています。もしかしたら、あの家の何かがついてきているのでしょうか。

# 最後の恐怖体験

——山田知加子(仮名・二十六歳) 静岡県

私がいちばん初めに信じられない体験をしたのは、小学生のころのことです。

その日、ひとりで留守番をしていた私は、床の間に背を向けて畳に寝転がって居眠りをしていました。すると急に、誰かに肩をポンポンと叩かれ、目を覚ましました。てっきり母が帰ってきたのだと思ったのですが、振り向いてみても、あたりには誰もいません。

それ以来なのです。不思議な体験をするようになったのは……。

両親がふたりとも仕事をしていたので、ひとりで留守番をすることが多かった私は、いつも鍵をしっかりかけていました。けれど、玄関の戸がガラガラと開き、誰かがトントンと階段を上ってくる音は何度も聞きました。玄関の戸はしっかり閉まっているし、誰も家に入った形跡はないのに……。

二階にいるのが怖くなって一階に行くと、今度は二階で人の歩きまわる音が……。

そんなことが繰り返し起こると、不思議なことにだんだん慣れてしまうものなのです。

大人になっても、不思議な現象はなくなりませんでした。むしろ、どんどん多くなり、密度の濃いものになっていったのです。

あるとき、友人と歩いていたら、友人側の腕がやけに冷たくなり、ふと見ると、友人の向こう側を青白い顔の女の人が歩いていました。一瞬、ただの通行人かと思ったのですが、すぐに、そうではないことに気づきました。女の人の身体は、陽炎《かげろう》のように歪んだり、その向こうの景色が透けて見えたりするのですから……。

「あっちへ行きなさい！　ここには来ないで！」

私は心のなかで、何度も繰り返しました。

するど、女の人は私に冷たい視線を投げかけて、フッといなくなったのです。

私は霊能者になったほうがいいのではないか……このときは真剣にそう考えました。自分で除霊ができたと思ったのです。しかし、現実はそんなに簡単ではありませんでした。

その日の夜です。

胸が息苦しくて目を覚ました私は、ベッドの上の小さなライトをつけましたが、わずかに明るくなった部屋のなかには、何の変化もありません。疲れのせいだろう、そう思って目を閉じると、ふたたび誰かにまたがられているような苦しさを感じます。寝返りをうちながら、目を開けると、すぐ前の壁に、友人の向こう側にいた女の人の顔が浮かび、恐ろしい表情で私をにらみつけます。同時に、壁のなかからスーッと白い腕が伸びてきて、私の顔を氷よりも冷たい手で撫《な》でました。あまりの恐怖に、その先は覚えていません。

そんな怖い目に遭うのに、まだ性懲りもなく霊的なことから離れようとしなかった私に、今度こそはかかわるのをやめようと決意させる決定的な事件が起こりました。

それは、友人たちと箱根の美術館に出かけたときのことです。

その日は雨で、霧も出ていて、初めからなんだか妙な雰囲気でした。

美術館ではイタリア展を開催していて、貴族の館を再現した展示がありました。古いライティングディスクの上には三十センチほどのアンティークドールが置かれています。ちょうどその前まで来たとき、人形の目がチラッと動いたような気がして、思わず足を止めました。恐る恐る様子を窺いましたが、何の変哲もないただの人形にしか見えません。

気のせいか……そう思って、つぎのコーナーに向かおうとしたとき、

「フフフフ……」

背後から、くぐもった笑い声がします。

振り返った私は、人形がゆっくり瞬《まばた》きするのを見てしまいました。

友人たちは楽しんで写真をたくさん撮っていましたが、私はだんだん気分が悪くなり、隣接する喫茶店で少し休みたいと友人たちにいいました。

そして、席に着いたときです。

刺すような視線を感じ、振り向いた私に目に、ソバージュのようなチリチリの長い髪に

ドレス姿の女性が飛びこんできました。

その人は、私に向かってゆっくり瞬きをしたのです。それは、さっきのアンティークドールとまったくおなじでした。そして、その目といったら……！　どう表現すればいいのかわかりませんが、すごい形相で、にらみつける目には邪気しか感じられませんでした。胸が苦しくなります。息をすることもできないほどでした。

「あの人……！」

私が友人たちに震える声で話しかけ、みんな、私の指さすほうを見たのですが……、そのとき、女性はかき消すようにいなくなっていました。

震える私を見て、友人たちは貧血を起こしたのだろうと、おしぼりや冷たい水を手渡し介抱してくれましたが、喫茶店を出て、車に乗るまでその状態はおさまりませんでした。

ところが、車で美術館の敷地を出たとたん、それは嘘のようにケロリと治ったのです。

その夜、着替えをしていてふと二の腕を見た私は声も出ませんでした。そこにくっきりと赤い指の跡がついていたのです。そして、それは二週間も消えませんでした。

この一件以来、私は霊にかかわることにはいっさい触れないようにしようと心に誓いました。まだ見てしまうことはありますが、それを人に話すことはもうしません。ですから、これが最後に語る私の霊体験です。

**ナムコ・ナンジャタウン**
**「あなたの隣の怖い話コンテスト」事務局**

2001年の夏、東京・池袋の屋内型テーマパーク「ナムコ・ナンジャタウン」で恒例の「あなたの隣の怖い話コンテスト」が開催され、日本全国から膨大な数の霊体験恐怖実話が寄せられた。

本書は、そのなかから入賞作品をはじめ、48のとびきり怖い実話を厳選収録したものである。

**※「怖い話」の募集は、現在は行なっておりません。**
**※「ナムコ・ナンジャタウン」はリニューアルのため「ナンジャタウン」に名称変更となっております。**

本書は、2002年5月に小社より発刊された書籍の改装・改訂新版です。

二見レインボー文庫

# 誰《だれ》かに話《はな》したくなる怖《こわ》い話《はなし》

編者　ナムコ・ナンジャタウン
「あなたの隣《となり》の怖《こわ》い話《はなし》」コンテスト事務局《じむきょく》

発行所　株式会社 二見書房
東京都千代田区三崎町2-18-11
電話 03(3515)2311［営業］
03(3515)2313［編集］
振替 00170-4-2639

印刷　株式会社 堀内印刷所
製本　株式会社 村上製本所


2016, Printed in Japan.
ISBN978-4-576-16086-3
http://www.futami.co.jp/

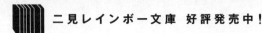